KB077032

뭘 해도
운이 따르는 사람들의
10가지 습관

UN TO TOMODACHI NI NARU SHUKAN
© AKIRA UENISHI 2016

Originally published in Japan in 2016 by NIPPON JITSUGYO PUBLISHING Co., Ltd.,
TOKYO,
Korean translation rights arranged with NIPPON JITSUGYO PUBLISHING Co., Ltd.,
TOKYO,
through TOHAN CORPORATION, TOKYO, and EntersKorea Co., Ltd., SEOUL.

SECRETS TO CHANGE
FORTUNE

우에니시 아키라 지음 | 박재영 옮김

돈과 사람을 끌어당기는 데일리 루틴

뭘 해도
운이 따르는
사람들의
10가지 습관

센시오

운을 끌어당기세요,
운이 당신 곁에서
기다리고 있습니다

　"하는 일마다 잘 안 되고 기대한 만큼 성과도 나오지 않습니다. 그러다 보니 항상 경제적으로 여유도 없고요. 저는 왜 이렇게 운이 없을까요?"

　"친구들은 모두 단란한 가정을 꾸렸는데, 저는 왜 사랑하는 사람조차 만나기 어려운지 모르겠어요. 운이 저만 피해 다니는 것 같아요."

　이런 고민을 털어놓으며 자신의 인생은 실패한 것 같다고 절망하는 사람들이 무척 많습니다. 그들은 대부분 자신의 가정환경이나 성장 과정, 학벌, 직장, 연인이나 가족과의 관계 등을 이유로 '나는 운이 나쁘다'라고 억측합니다. 자신의 친구나 지인,

SNS 이웃들과 비교하며 자신의 처지를 비관하기도 하지요.

그런데 정말 그들은 운이 없는 사람들일까요? 뭘 하든 잘되는 사람은 따로 있을까요? 운은 타고나는 걸까요?

그렇지 않습니다. 지금까지 무엇이든 뜻대로 이루지 못했거나 하는 일마다 잘 안 돼서 운이 나만 비켜간다고 느꼈다 해도, 계속 그렇게 살라는 법은 없습니다. 운은 타고나는 것이 아니라 만들어가는 것이니까요. 어제의 나와 앞으로의 나는 다릅니다. 지금까지 운이 없었더라도 바로 이 순간부터 운을 나에게로 끌어당겨 새로운 삶을 살 수 있습니다.

운을 내 것으로 만드는 데일리 루틴

운을 가까이 끌어당기려면 하루하루 우리의 인생을 좋아해야 합니다. 그러려면 먼저 '생각'을 바꿔야 합니다. '생각'을 바꾸면 '말'과 '행동'이 달라지고, '말'과 '행동'이 달라지면 '습관'과 '대인관계'가 달라져서 자신에게 일어나는 일, 즉 운명까지 변화시킬 수 있습니다.

지금까지 불운이 이어진 사람은 '그게 그렇게 쉽게 될 리가 없어'라며 부정적인 생각 안에 자신을 가두는 경향이 있습니다. 자신을 믿지 못하고 '내가 그런 일을 어떻게 해.' '나는 그런 재능이 없어'라며 자신을 낮춰 보기도 합니다. 이렇게 '자기긍정감'이 낮은 사람은 다가온 운도 멀리 차버립니다. 자기긍정감이 낮으면 자신감이 떨어지고, 다른 사람들의 감정에 좌우되면서 수동적으로 행동할 가능성이 높아지니까요.

'나는 반드시 좋은 운을 얻을 수 있다'는 생각으로 자신의 능력에 대한 확신을 가지면 다른 사람들의 말에 주눅 들거나 새로운 일에 도전하는 것을 두려워하거나 한두 번의 실패에 좌절하지 않습니다. 긍정적인 생각은 행동을 끌어내고, 타인에 대한 태도까지 변화시키는 힘이 있다는 걸 잊지 말아야 합니다.

마음속을 긍정적인 에너지로 가득 채우면 무의식적으로 내뱉었던 부정적인 말들, 다른 사람을 비난하는 태도, 이기적인 행동 등이 서서히 사라집니다. 주위 사람의 기분과 감정을 살피고, 손해 보는 일도 가끔은 하면서 겸손하게 행동하게 되지요. 일상생활 속에서, 직장생활 속에서의 이런 작은 언행의 변화는 인생 전체를 바꾸는 동력이 됩니다.

    이 책에서는 이런 생각과 습관의 변화를 이끌어낼 수 있는 구체적인 방법을 소개합니다. 자존감, 마인드, 말투, 생각, 꿈, 행동, 인간관계, 일상, 나눔, 배려 등 10가지 방식 안에서 구체적이고 일상적인 하루하루의 루틴을 제안함으로써 누구나 자신의 인생에 적용해볼 수 있게 돕습니다.

    물론 의식적인 노력이 필요합니다. 생각만으로 지금까지의 부정적인 습관들이 변화되지는 않거든요. 하지만 이 소소한 루틴에 익숙해지면 우리의 삶은 생각지도 못한 변화를 불러옵니다. 운은 '준비된 자'에게 찾아오는 법이니까요.

    우리 모두에게는 '운을 끌어당기는 힘'이 있습니다. 그것을 발견하고 믿고 행동하는 사람만이 그 운을 자신의 것으로 만들 수 있습니다. 일단 이 책에서 소개한 '운이 따르는 습관'을 하루에 한 가지씩 실천해보길 바랍니다. 그 즉시 장밋빛 인생으로 바뀐다고 말할 수는 없지만 '나에게는 행복해질 권리가 있다.' '지금 이대로 행복해질 수 있다'라고 믿고 꾸준히 행동하면 언젠가는 이렇게 말할 수 있을 겁니다.

"나는 정말 운이 좋은 사람이야!"

좋은 인생을 보내려면 날마다 눈앞에 주어진 선택에서 '자신의 마음이 긍정적이 되는 쪽'을 선택하세요. 좋은 오늘이 거듭되면 그날들이 모여 결국 운 좋은 인생이 되니까요.

당신이 만들어갈 운 좋은 하루를 진심으로 응원합니다.

차례

10 SECRETS
TO CHANGE
FORTUNE

1장

운은 내가
결정하는 것이다

세상에 하나뿐인
가장 특별한 존재

'나한테는 아무런 가치도 없는 것 같다.'

'앞으로도 행복해질 수 없을 것 같다.'

'콤플렉스 덩어리라서 자신감이 안 생긴다.'

평소에 이렇게 느끼는 사람은 자신을 좋아하지 않을 가능성이 높습니다. '내 자신이 싫다'라고 확실하게 생각하지 않더라도 자신에게 부정적인 감정을 많이 느끼면 운과는 인연이 멀어지고 맙니다.

당연한 말이지만, 우리는 남의 인생을 살 수 없습니다. 갑자기 인기 배우나 가수로 환생하는 건 말이 안 되잖아요.

이 인생에서 '지금의 나 자신'으로 태어난 것은 무척이나 특별하고 운명적인 일입니다. 이렇게 인연이 닿아서 만나게 된 자신을 좋아해야 매일을 더 행복한 마음으로 보낼 수 있습니다.

운을 끌어당기려면 자기 자신을 반드시 좋아해야 합니다. 마음속으로 내 자신이 싫다고 생각하면 꿈을 이루려고 아무리 노력해도, 아무리 적극적으로 행동해도 좀처럼 긍정적인 감정이 들지 않습니다.

열심히 노력하는데도 운이 따르지 않는다고 느낀다면, 그 원인은 마음속 깊은 곳에 자리한 '내 자신이 싫다'라는 감정에 있을지 모릅니다.

'나로 태어나서 정말 다행이야'라는 '자신감'을 갖는 것이 운을 얻기 위한 첫걸음입니다.

이 인생에서 '지금의 나 자신'으로 태어난 것은
무척이나 특별하고 운명적인 일입니다.

02

부정적인 감정을
버리는 방법

지금까지 '내 자신이 싫다'라고 느끼며 지내온 사람은 마음 속에 부정적인 감정이 잔뜩 쌓여 있습니다. 그런 상태에서 긍정적인 감정을 품으려고 해봤자 마음은 쉽게 바뀌지 않습니다.

운을 가까이 끌어당기려면 긍정적인 감정을 지니는 동시에 부정적인 에너지를 버려야 합니다. 어떻게 하냐고요? 부정적인 감정을 종이에 적거나 믿을 만한 친구에게 털어놓아 보세요.

'상사가 늘 나한테만 귀찮은 업무를 떠넘겨서 일하기 싫다.'

'어릴 때부터 어머니가 엄격해서 지금도 사이좋게 지내기가 힘들다.'

'절친이라고 부를 수 있는 사람이 없어서 너무 외롭다.'

이런 식으로 자신의 감정을 실컷 뱉어내는 거죠. 성격이 진지한 사람은 부정적인 감정을 마음속 깊이 간직하는 경향이 있기 때문에 문장으로 표현하는 것에 거부감이 들 수도 있습니다.

하지만 이 방법은 누군가에게 상처를 주려고 하는 행동이 아니라 자신을 행복하게 바꾸기 위한 행동이므로 망설이지 않아도 됩니다. 부정적인 감정을 종이에 다 적은 뒤 찢어 버리면 그만이니까요.

친한 친구에게 속마음을 털어놓고 싶다면 먼저 "내가 답답해서 그러는데 내 말 좀 들어줄래?" 하고 부탁해보세요.

내 마음속에서 퍼져 있던 검은 연기가 빠져나가고 그 대신 신선하고 생기 넘치는 공기가 내 안으로 들어온다고 생각하면 훨씬 더 효과를 볼 수 있습니다.

부정적인 감정을 표출하고 비워야
그 안에 긍정적인 감정을 담을 수 있습니다.

03
지금
후회하고 있다면

'학교 다닐 때 좀 더 열심히 공부했다면 지금 내가 하고 싶은 일을 하고 있을지 몰라…. 게으름 피운 내 자신이 용서가 안 돼.'

'그때 교제했던 사람과 결혼했다면 지금쯤 아이를 낳고 행복하게 잘 살았을 텐데…. 마음에 없는 말로 그 사람에게 상처준 나를 용서할 수 없어.'

혹시 이렇게 과거의 자신을 향해 '용서할 수 없다'라는 생각이 들곤 하나요? 이런 마음이 생기면 영원히 자신을 좋아할 수 없습니다.

후회하지 않는 사람은 이 세상에 아무도 없습니다.

시간이 많은 학창시절에 공부하지 않은 게 후회된다는 마음은 충분히 이해됩니다. 하지만 타임머신을 타고 과거로 돌아가 다시 공부할 수도 없는 노릇이잖아요. 그러니 그 사실은 있는 그대로 받아들이고 '학창시절에는 공부가 중요하다는 것을 몰랐어. 그때는 어렸으니 어쩔 수 없지'라고 자신을 위로해주세요.

옛 연인에 대한 자신의 태도에 대해서도 '나도 모르게 거만한 태도를 보이고 말았어. 남에게 상처 주는 행동이 좋지 않다는 것을 깨달았으니 성장했다고 생각하자'라고 과거의 자신을 인정하고 받아들여주세요.

과거의 자신이 용서할 수 없는 일을 했다는 생각이 들더라도 자책하지 마세요. 우리는 실수하고 다치면서 성장합니다. 생각을 조금만 바꾸면 긍정적인 나로 바뀔 수 있고, 그런 마음이 쌓이다 보면 운을 향해 나아갈 수 있습니다.

과거의 자신을 받아들이고 용서하세요.
우리는 누구나 실수하고 다치면서 성장합니다.

하루에 한 번,
나 자신을 칭찬한다

자기 자신을 싫어하는 사람은 '자기긍정감'이 낮은 경향이 있습니다. 자기긍정감이란 '지금 나의 모습 그대로 행복해질 수 있다'라고 자신을 믿는 마음을 뜻합니다.

그러니까 마음 깊은 곳에 '나는 나를 좋아한다'라는 마음이 있는 사람은 자기긍정감이 높아서 굳이 이런 생각을 하지 않아도 행복해질 수 있습니다.

자기긍정감을 높이려면 스스로를 '칭찬'해주어야 합니다.

파견 사원 마이 씨(가명, 26세)는 날마다 수첩에 자신이 열심히 노력한 일이나 성공한 일을 '칭찬하는' 내용의 일기를 쓴다고 합니다.

'오늘은 내 일이 빨리 끝나서 동료 사원의 일을 도와줬다. 남에게 친절을 베푼 나는 참 장하다!'

'상대하기 거북한 사람과 만나는 날이었다. 생글생글 웃으며 대했더니 상대방도 즐거워 보여서 기분이 좋았다.'

이런 식으로 일상생활 속에서 칭찬할 만한 자신의 행동이나 말을 찾아 글로 쓰는 거죠.

마이 씨는 이렇게 말합니다.

"전에는 누군가에게 칭찬받기만을 바라면서 쓸데없이 속을 태웠는데, 저를 스스로 칭찬하는 습관이 생긴 후부터는 저절로 '내 자신이 좋다'라는 생각이 들어요."

처음에는 자신을 칭찬하는 게 쑥스럽고 낯설기도 하겠지만, 곧 익숙해질 겁니다. 남의 눈치 보지 말고 마음껏 자신을 칭찬해주세요. 내가 이렇게 괜찮은 사람이라는 '자기긍정감'이 몰라보게 자라날 테니까요.

나 자신을 좋아하는 사람은 '자기긍정감'이 높아서
쉽게 불행해지지 않습니다.

단점도 다시 보면
장점이 된다

'나는 인색한 성격이라 돈을 쓸데없이 낭비하고 싶지 않은 마음이 강하다. 그래서 대인관계가 나빠진 적이 있다.'

'나는 다른 사람에게 미움을 받고 싶지 않아서 누구에게나 잘 보이려고 행동한다.'

'무슨 일을 시작할 때나 하려고 마음먹을 때 이것저것 지나치게 걱정해서 정신적으로 지친다.'

이렇게 자신의 단점 때문에 고민하는 사람들이 있습니다. 이들은 일이 잘 안 풀릴 때마다 '이런 성격인 내 자신이 싫다'라고 자신을 부정하죠.

그러나 다른 관점에서 생각해보면 단점에는 부정적인 요소

뿐만 아니라 긍정적인 요소도 있습니다.

자신의 성격을 인색하다고 표현하는 사람은 돈과 수고를 아까워한다고 스스로에게 부정적인 이미지를 입힙니다. 하지만 다른 관점에서 보면 '절약가'이거나 '경제관념이 철저한 사람'이 아닐까요?

누구에게나 잘 보이려고 하는 성격도 누구에게든 붙임성 있게 대하고, 어느 누구와도 사이좋게 지낼 수 있는 긍정적인 면이 많습니다.

걱정이 많은 성격 또한 관점을 달리하면 신중하고 매사를 이성적으로 판단하는 사람이라고 볼 수 있겠지요.

이렇듯 사실에 대한 관점을 바꿔서 다른 의미를 부여하는 행위를 심리학에서는 '리프레이밍(reframing)'이라고 합니다.

자신의 단점을 너무 미워하지 마세요. 생각을 달리해서 단점도 장점으로 받아들이다 보면 자신을 더욱 사랑하게 될 겁니다.

다른 관점에서 생각해보면
단점도 장점이 될 수 있습니다.

나는 나,
너는 너

  고대 신화 중에 물의 신과 불의 신이 '누가 더 위대한가?'로 언쟁하다가 많은 병사를 거느리고 전쟁을 일으킨 이야기가 있습니다. 전쟁은 치열했지만 좀처럼 승부가 나지 않았죠. 물의 병사가 불의 병사를 냉기로 얼려버리면 그에 맞서 불의 병사가 물의 병사를 열로 증발시켜버렸으니까요. 그러다 보니 오랜 전쟁에도 승부는 나지 않았고, 결국 무승부로 막을 내렸습니다.

  이 신화가 이야기하고 있듯이 이 사람이 더 강하다, 저 사람이 더 대단하다 비교하는 것은 딱히 의미가 없습니다. 물에는 물의 특성이 있고 불에는 불의 특성이 있어서 둘 다 대체하기란 어렵습니다.

그런데 우리는 어떤가요?

'저 사람은 할 수 있는데 나는 못한다.' '저 사람은 가지고 있는데 나는 없다'라며 남과 자신을 비교하며 자기혐오에 빠지곤 합니다. 특히 자신을 싫어하는 사람일수록 이런 경향이 강하죠.

'나는 나, 너는 너'라고 단정 짓고 자신만의 특징에 주목해보세요. 자신만의 개성을 소중히 여기면 남을 부러워하는 버릇도 점점 사라질 테니까요.

우리 각자는 누구도 대체할 수 없는

고유한 존재입니다.

07

거절에도
연습이 필요하다

자기 자신을 싫어하는 사람에게는 남이 부탁한 일을 거절하지 못하는 공통점이 있습니다.

'나도 바빠서 힘든 상황이지만 믿을 사람은 나뿐이라는 말에 어쩔 수 없이 일을 떠맡았다.'

'신세진 사람이 돈을 빌려달라고 부탁해서 싫은데도 그만 빌려주고 말았다.'

'전시회에 갔더니 원하지도 않는 물건을 강매했다. 필요 없다는 말을 차마 할 수 없어서 결국 사고 말았다.'

부탁을 거절하지 못하는 사람은 "싫습니다." "거절하겠습니다"라는 한마디를 하지 못해서 후회하는 경우가 많고, 그때마다 정신적으로 스트레스를 받습니다.

이런 사람은 다른 사람에게 도움이 되고 싶어 하는 친절한 마음의 소유자이지만, 역설적이게도 다른 사람의 마음을 우선으로 생각한 탓에 결과적으로 자신을 질책하고 자기혐오에 빠지고 말죠.

마음에도 없는데 누군가를 위해서 자신을 희생하는 것은 자신을 소중히 여기지 않는 것이나 다름없습니다. '하기 싫다' '내가 이걸 왜?'라는 마음으로 하는 일이 즐거울 리 없고, 그러다 보면 마음은 지치고 무력해질 수밖에 없습니다.

상대방이 어떻게 생각하든 싫으면 단호하게 'NO'라고 거절하세요. 누구에게나 거절할 권리가 있습니다.

거절한 일로 인연이 끊어진다면 그 인연은 거기까지입니다. 그런 얕은 인연에 매달릴 필요는 없습니다.

누구에게나 거절할 권리가 있습니다.
마음이 시키는 대로 단호하게 'NO'라고 거절하세요.

08

싫은 사람을 떠올리는 데
단 1분도 낭비하지 마라

운을 끌어당기려면 평소에 어떤 사람과 어울리는지도 매우 중요합니다. 나를 인정해주는 사람, 나를 존중해주는 사람을 가까이 두어야 합니다.

나를 인정해주는 사람이란 이를테면 이런 사람입니다.

'와, 정말 멋있어!' '너와 있으면 즐거워.' '너는 충분한 능력을 갖고 있어'라고 칭찬해주는 사람,

내가 말할 때 '그랬구나'라고 맞장구치며 집중하는 사람,

내가 주눅 들어 있을 때 '너라면 분명히 괜찮을 거야'라고 격려해주는 사람,

나와의 약속을 반드시 지키는 사람,

내가 난처한 상황에 처했을 때 기꺼이 도움의 손길을 내미는 사람.

이런 사람이 오랫동안 함께할 만한 사람입니다.

우리는 그 누구보다 가까운 사람의 말이나 태도에 영향을 받기 쉽습니다. 그건 상대방도 마찬가지입니다. 내가 다른 사람의 말과 태도에 영향을 받듯이, 내가 하는 말이나 태도도 다른 사람에게 영향을 줍니다. 인간관계는 그렇게 서로를 거울처럼 비춥니다.

그러니 '저 사람은 나를 인정하지 않는구나.' '저 사람은 나를 존중하지 않아'라는 생각이 드는 사람과는 적당히 거리를 두어 나쁜 영향을 받지 않아야 합니다.

자주 만나는 사람이라서 피하기 어렵거나 친구 관계를 끊으면 미안한 마음이 들어서 관계를 지속하고 있나요?

그 사람을 '싫어하자'는 말이 아닙니다. 억지로 사이좋게 지낼 필요가 없다는 뜻입니다.

세상을 사는 동안 우리가 만나는 사람은 얼마나 될까요? 그리고 그 가운데 우리와 오랫동안 친분을 유지하고 좋은 관계를 이어갈 사람은 얼마나 될까요? 그 제한된 관계 속에서 굳이 나를 무시하고 깔보는 사람을 만날 필요가 있을까요?

나를 인정해주는 사람과 어울리면 마음이 평온해집니다. 물론 나도 상대방을 인정하고 존중해야 합니다. 그래야 서로의 관계에 좋은 순환이 생겨 운도 따릅니다.

남에게 인정을 받으면 나도 상대방을 인정하게 되어
운의 순환이 일어납니다.

09

고민에
유통기한을 정해두자

"신경 쓸 필요도 없고 잊어도 되는 사소한 일로 마음을 어지럽히면 안 된다. 사소한 일에 집착하기에 인생은 너무나도 짧다. 인생의 시시한 일 때문에 자신의 행복을 망치지 마라."

인간관계의 대가 미국의 데일 카네기(Dale Carnegie)가 한 말입니다.

자기 자신을 싫어하는 사람은 사소한 일로 걱정하며 끙끙 앓는 경향이 있습니다. 예를 들어 연인과 데이트 장소를 이야기하다가 의견이 갈려서 싸웠다고 해보죠. 이럴 때 '그 사람 의견에 맞출걸 그랬어….' '이 일 때문에 그 사람이 날 미워하면 어떡하지?' '헤어지자는 얘기를 꺼내면 어쩌지?'라며 한도 끝도 없이 고민하는 사람이 있습니다.

　고민하는 행위를 부정하는 건 아닙니다. 때때로 고민은 인간의 성장에 필요하기도 하니까요. 그러나 한 가지 일에 대해 지나치게 고민하는 건 정신적으로 좋지 않습니다. 고민한다고 해결되는 것도 아니잖아요.

　그럴 때는 고민해도 되는 '기한'을 정해보세요.

　'앞으로 이틀 안에 그에게 연락이 없으면 내가 전화해야지.'

　'지금부터 4일 동안 그 사람한테 어떻게 사과할지 생각하자.'

　이런 식으로 구체적인 기간을 정하는 거예요. 고민하는 기한을 정해놓으면 마음속에 부정적인 감정을 계속 품고 있지 않아도 됩니다.

　좋은 운을 만들려면 고민하는 시간을 조금이라도 줄일 방법을 찾아야 합니다.

'고민하는 기한'을 정하면
부정적인 감정에 지배당하지 않습니다.

내 안의
'위대한 나' 찾기

옛말에 "재주가 짐이 되는 법은 없다"라는 말이 있습니다. '한 가지라도 뛰어난 기술이나 재주가 있으면 그것으로 생계를 꾸릴 수 있다'라는 의미입니다. '어떤 기술이나 재주든 익혀 두면 좋다'라는 가르침도 담겨 있지요.

나는 확실히 이거라면 잘할 수 있다거나 나한테는 이것이 적성에 맞다 하는 일이 한 가지라도 있으면 자부심을 갖고 살아갈 수 있습니다.

우리는 누구나 남보다 잘하는 일을 한 가지 이상 갖고 있습니다. '전문가가 무색할 정도'라거나 '세계 최고'의 수준일 필요는 없습니다. 주위 사람들에게 '이거라면 다른 사람보다 내가 조금은 더 잘할 수 있다'라고 말할 수 있는 정도면 됩니다.

'그저 좋아서 영어 공부를 계속했더니 영어 책을 읽을 수 있게 되었다.'

'글을 잘 써서 사내용 책자의 기자를 맡게 되었다.'

'운동을 잘해서 테니스 동호인 대회에서 우승한 적이 있다.'

'남의 이야기를 잘 들어준다고 남들이 상담을 부탁하는 일이 많아 상담사 자격증을 땄다.'

잘하는 일이 없다고 낙담하는 사람이 있을지도 모르지만, 그건 아직 자신의 강점을 찾지 못한 것이지 없어서가 아닙니다. 끈기 있게 찾아보면 반드시 보일 겁니다.

가능한 한 자신이 잘하는 일을 할 수 있는 기회를 얻는 것도 중요합니다. 그러면 '내 자신이 싫다'라는 감정도 서서히 사라집니다.

자신의 '강점'을 찾으면
낙담할 일이 줄어듭니다.

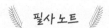

필사 노트

이 인생에서 '지금의 나 자신'으로 태어난 것은

무척이나 특별하고 운명적인 일입니다.

......

나 자신을 좋아하는 사람은 '자기긍정감'이 높아서

쉽게 불행해지지 않습니다.

10 SECRETS
TO CHANGE
FORTUNE

2장

운이 좋은 척하면
운이 진짜 좋아진다

일단
믿는다

"좋은 일을 생각하면 좋은 일이 일어나고, 나쁜 일을 생각하면 나쁜 일이 일어납니다."

미국에서 활동한 목사이자 수많은 자기계발서를 쓴 조셉 머피(Joseph Murphy) 박사의 말입니다.

무슨 일을 하더라도 '나는 못 해'라고 생각하면 할 수 없고, '반드시 할 수 있어'라고 믿으면 신기하게도 정말로 할 수 있습니다.

머리로는 이해해도 실천하기는 어렵다고 생각하나요?

하지만 아무리 간절히 원하는 일이라도 마음속으로 '그게 될 리가 있어?' '내가 그걸 할 수 있겠어?'라고 생각한다면 현실은 달라지지 않습니다. 부정적인 마음이 긍정의 힘을 꺾어버리니까요.

혹시 간절히 이루고 싶은 꿈 앞에서 마음속으로 이런 생각을 하고 있나요?

'아마 무리일 테지만 꿈꾸는 건 돈도 안 드는데, 뭐.'

'꿈이 이루어지면 기쁘겠지만 이루어지지 않더라도 어쩔 수 없지.'

그렇다면 아직 자신을 완벽하게 믿지 못하는 겁니다. '반드시 잘 될 거야!' '나라면 분명히 할 수 있어'라고 확신을 가져야 합니다.

근거가 없더라도 상관없습니다. 믿는 마음이 자신감을 만들어내고, 그 자신감이 행동력으로 이어지며, 그 행동력이 현실을 변화시킬 테니까요.

끊임없이 믿으면
매사가 확신으로 바뀝니다.

머릿속으로 긍정적인 내 모습을
반복해서 떠올린다

자기 자신에게 확신을 가지라고 강조했지만, 사실 말이 쉽지 현실적으로는 실천하기가 어렵습니다.

그럴 때 '셀프 이미지(self image)'를 긍정적으로 다시 그리는 방법을 추천합니다. '셀프 이미지'란 심리학 용어로 '자신이 느끼는 자신에 대한 이미지'를 뜻합니다.

셀프 이미지는 자신이 처한 환경이나 부모와 친구를 비롯한 가까운 사람들에게서 받는 영향 등 지금까지 살아오면서 경험한 일을 통해 만들어집니다. 예를 들어 자신의 인생을 부정적으로 느끼는 사람은 마음속으로 나는 운이 나쁘고, 내 인생에는 재수 없는 일만 일어난다는 셀프 이미지를 그리는 경향이 강하죠. 그런 마음이 가득하다면 행여 어떤 일에서 실패했을 때 '역시 난 안 돼.' '난 늘 실패해'라고 자책하면서 자신감을 잃어버립니다. 악순환에 빠지는 거죠.

과거에 어떤 경험을 했더라도 '셀프 이미지'는 언제든지 긍정적으로 바꿀 수 있다는 것을 잊지 마세요.

'나는 재수가 없다'라고 느껴지면 즉시 생각을 바꿔서 '그렇지 않아. 나는 운을 얻을 수 있어.' '다음에는 좋은 일이 있을 거야'라는 긍정적인 메시지를 자신에게 반복해서 말해야 합니다.

지금은 '내 자신을 믿는다'라고 단정하지 못하더라도 자신을 부정적으로 생각하는 버릇을 고치려고 노력하다 보면 부정적인 마음도 서서히 긍정적으로 회복될 겁니다.

긍정적인 메시지를 자신에게 반복해서 말하면
부정적인 마음도 서서히 긍정적으로 회복됩니다.

13

세상에
운이 나쁜 사람은 없다

'나에게는 재능이 전혀 없다.'

'나는 그다지 똑똑하지 않다.'

'나는 친구도 없고 눈에 띄지 않는 존재다.'

이런 생각 때문에 '나는 운이 좋아질 자격이 없다'라며 자신을 단념해본 적이 있나요? 운이 좋은 사람은 따로 있다는 생각이 드나요? 하지만 운을 만난 사람이라고 해서 특별한 재능을 갖고 있거나 특출나게 머리가 좋거나 인기가 많은 건 아닙니다.

운이 좋아지는 자격 따위는 세상에 없습니다. 누구든지 운을 만날 수 있다는 뜻이죠.

물론 세상에는 외모도 뛰어나고 돈도 많고 사랑하는 사람까지 얻은 사람들이 수두룩합니다. 하지만 과연 그들이 좋은 운을 만날 완벽한 조건을 갖추고 있을까요? 그들의 삶이 완벽하게 행복하다고 말할 수 있을까요?

머리가 좋아서, 외모가 뛰어나서, 집이 부자여서 좋은 운이 따르는 건 아닙니다. 좋은 운의 조건이란 세상 어디에도 없습니다. 마음가짐의 문제일 뿐입니다.

'나는 반드시 좋은 운을 얻을 수 있다'라고 믿는 마음가짐이 운을 부르고 행복을 만듭니다.

운이 따르는 조건은 없습니다. 나는 좋은 운을
맞이할 자격이 있다는 마음가짐이면 충분합니다.

작은 목표부터
차근차근

처음부터 큰 꿈을 이루려고 하면 매우 어렵게 느껴질 수 있습니다. 너무 큰 꿈 앞에 서면 '역시 나한테는 무리일지 몰라'라며 불안한 마음이 들거나 기세만으로 도전했다가 '역시 실패했어'라며 좌절할 가능성이 있으니까요. 그럴 때는 쉽게 실현할 수 있는 목표를 세우고 도전해나가면 좋습니다.

영어에 자신 없는 사람이 토익 900점을 따겠다거나 통역사 자격증을 목표로 한다면 너무 벅찰 겁니다. 영어단어를 하루에 5개씩 외우겠다거나 영어 소설책을 1년 안에 완독하겠다는 식의 목표를 세우면 실천하기가 어렵지는 않을 겁니다.

아무리 작은 목표라도 그 목표를 달성하고 나면 '나도 하면 된다'라는 자신감이 붙어서 더 큰 목표로 나아갈 수 있습니다. 그 자신감이 '내 꿈은 반드시 이루어진다'라는 신념을 키우는 계기가 될 테고요.

어떤 유명한 마라톤 선수는 힘들어질 때면 '저 전봇대까지 힘내자.' '다음에는 저 모퉁이까지 힘내서 달리자'라고 목표를 작게 나눠서 달린다고 합니다.

어느 유명한 야구선수의 인터뷰도 인상적입니다. 안타 신기록을 세운 그에게 한 기자가 다음 목표가 무엇이냐고 물었더니 이렇게 대답했다고 합니다.

"다음 타석에서 안타를 치는 것입니다."

"다음에는 일본 기록을 세우겠습니다.""세계 기록을 노리겠습니다"라는 대답을 기대했던 기자는 김이 빠졌지만, 그 선수의 목표는 현실적인 데다 무척 현명했습니다.

그런 작은 목표가 쌓이고 쌓여 결국엔 큰 목표를 성취하게 되는 것이니까요.

작은 목표가 쌓이고 쌓이면
마침내 큰 목표를 성취할 수 있습니다.

불운을
떠넘기지 않는다

'연인이 생기지 않는 이유는 사람을 만날 환경이 갖추어지지 않았기 때문이다.'

'일하고 싶지만 선천적으로 몸이 약해서 어렵다.'

'대학에 입학해서 다시 공부하고 싶지만 돈도 시간도 없다.'

자신의 불운을 뭔가의 탓으로 돌리는 사람들이 있습니다. 자신 안에 존재하는 '불운의 원인'을 외면한 채 변명거리를 찾는 거죠.

불운의 원인을 외부가 아닌 내 안에서 찾아보세요. '왜 내 뜻대로 되지 않을까?'에 대해 30초만이라도 좋으니 고요히 생각해보면 어떨까요?

이성과의 만남이 적은 환경에 놓여 있다면 적극적으로 친구에게 소개를 받거나 이성이 많은 모임에 가서 나와 맞는 사람을 찾아보는 겁니다.

몸이 약하다면 건강에 무리가 가지 않는 일을 찾아보면 됩니다. 주부 나라 씨(가명, 30세)도 그랬습니다. 심한 빈혈 때문에 서서 일하기 어려운 상황이었지만 통신교육으로 교정 기술을 배워 지금은 집에서 일하고 있습니다.

주위를 둘러보면 돈이나 시간이 부족하더라도 그 안에서 해법을 찾는 사람들이 너무나 많습니다. 그들은 '못한다'가 아니라 '어떻게 하면 할 수 있을까?'를 생각합니다.

자신에게 실패의 원인이 있다고 인정하는 것은 괴로운 일입니다. 하지만 '나는 어떤 상황에서도 좋은 운을 만들 수 있다'라고 확신하면 현실과 마주하려는 용기가 생깁니다. 그런 믿음이 있다면 내가 처한 나쁜 조건과 환경은 충분히 극복할 수 있습니다.

내 안에 존재하는 불운의 원인을 찾아야
현실과 마주할 수 있는 용기가 생깁니다.

믿는 대로
된다

우리는 누구나 크건 작건 '억측'을 하며 살아갑니다. 심리학에서는 사람의 억측에는 긍정적인 측면과 부정적인 측면이 있다고 말합니다.

'플라세보 효과(placebo effect)'를 알고 있나요? 실제로는 약 성분이 들어 있지 않은데 '이 약을 먹으면 몸 상태가 좋아진다'라고 믿고 먹으면 효능이 나타나는 현상을 뜻합니다.

특히 모든 물자가 부족한 전쟁 기간에 이런 일이 많았다고 합니다. 부상 입은 군인에게 맹물을 주면서 "이 약을 먹으면 건강해질 거예요"라고 했더니, 실제로 많은 군인들이 건강을 회복했다며 기뻐했다고 합니다.

"병은 마음먹기에 달렸다"는 말처럼 치료에는 심리적인 상태가 큰 영향을 미칩니다.

플라세보 효과를 우리의 생각 습관에도 적용해보면 어떨까요? 무슨 일이든 '굳게 믿은 대로 된다'라고 생각하는 거예요. 자신에게 긍정적인 억측은 살리고 부정적인 억측은 떨쳐내는 것이죠. 약 성분이 없어도 약이라고 생각하면 약효가 나타나듯이, 근거가 없어도 행복해질 거라고 굳게 믿으면 실제로 행복해집니다.

'나는 좋은 운을 만날 수 있다. 좋은 일이 잔뜩 일어날 것이다'라고 믿어보세요. 실제로 운이 따라올 겁니다.

'분명히 좋아질 거야'라고 굳게 믿으면
정말로 좋은 결과가 찾아옵니다.

Why
not?

꼭 해보고 싶은 일이 있는데 반드시 잘 될 거라는 확신이 없으면 좀처럼 첫걸음을 내딛기가 어렵습니다.

인쇄물을 취급하는 회사에 근무하는 노아 씨(가명, 32세)는 작년에 결혼했습니다. 그 후 간절히 바라는 임신을 했지만 딱 한 가지 걱정거리가 있었습니다.

그녀의 회사에는 임신하면 퇴직해야 한다는 암묵적인 규정이 있어서 출산 후에도 회사에 계속 다니는 사람이 없었습니다. 아이가 태어난 후에도 일이 하고 싶은 노아 씨에게는 큰 걱정거리였죠.

그녀는 '전례가 없으니 내 바람이 이루어지긴 어려워. 아이를 낳으면 회사를 그만둘 수밖에 없어'라는 생각으로 마음을 반쯤 접고 있었습니다.

그러던 어느 날, 노아 씨는 잡지를 보다가 우연히 한 기사를 발견했습니다. 어느 중소기업에 다니는 여직원들이 단결해서 '출산 후에도 계속 일하고 싶다'라는 탄원서를 회사에 끊임없이 제출했고, 그 결과 출산 후 육아휴직제도가 인정되었다는 내용이었습니다.

기사를 읽은 노아 씨는 누군가로부터 응원을 받은 것 같은 기분이 들었습니다. '이 직원들도 하는데 나라고 왜 못하겠어.' 하는 생각이 들었지요.

그녀는 용기를 내서 동료 여직원들에게 자신의 생각을 전했습니다. 아이를 낳더라도 계속 일할 수 있는 권리를 찾자는 그녀의 생각에 많은 직원들이 용기를 냈고 힘을 보탰습니다.

여직원들은 자신들의 요구 사항을 정리해 회사에 정식으로 건의했습니다. 처음에는 당황하던 회사 측에서도 논의 끝에 직원들의 건의를 받아들였고, 마침내 임신과 출산을 해도 누구든 계속 근무할 수 있다는 규정이 생겼습니다.

'내가 하고 싶다고 할 수 있는 일이 아니다.'

'지금까지 아무도 성공한 적이 없기 때문에 실패한다.'

이런 생각에 빠져 있으면 세상은 나아지지 않습니다.

'못한다'라고 단정하지 말고 '어떻게 하면 할 수 있을까?'라고 생각해보세요. 세상은 그런 생각이 모여 한 발자국씩 앞으로 나아갑니다.

'못한다'가 아닌 '어떻게 하면 할 수 있을까?'라는
적극적인 생각이 긍정적인 변화를 불러옵니다.

내가 이미
갖고 있는 것

'나는 자신감이 없다'라고 말하는 사람들은 '자신에게 없는 것'에만 주목합니다.

'멋진 애인을 갖고 싶지만 못생긴 데다 스타일도 안 좋으니 가능성이 없다.'

'요가 강사가 되고 싶지만 돈이 없다.'

'내 일러스트가 채택되면 좋겠지만 아는 사람이 없어서 일러스트를 알릴 기회가 없다.'

'이벤트를 하고 싶지만 기획력이 부족해서 못할 것이다.'

이처럼 '자신에게 없는 것'에 초점을 맞추면 어떤 일도 할 수 없습니다. 의식적으로라도 '나에게 있는 것'을 찾아보세요.

'외모에 자신은 없지만 요리를 잘하고 남을 칭찬하는 것이 특기다.'

'돈은 없지만 요가를 가르치고 싶은 마음만은 결코 뒤지지 않는다.'

'내 일러스트를 소개해줄 사람은 없지만 주위에 나를 인정해주는 사람들이 있다.'

'기획력은 없지만 이벤트에 사람을 모으는 일에는 조금 자신이 있다.'

아무리 사소한 것이라도 상관없습니다. 내가 가진 것에 집중해보세요.

내가 가진 것을 종이에 써보는 방법도 좋습니다. 그러다 보면 '내가 가진 것'이 의외로 많다는 걸 알게 될 겁니다.

'내가 이미 갖고 있는 것'을 놓치지 않으면 내 안의 자신감도 조금씩 고개를 듭니다.

아무리 사소한 일이라도 '내가 가진 것'에 집중하면
세상을 향한 자신감이 움틉니다.

19

남들이
뭐라고 말하든

신념을 가지려면 주위 사람들의 의견에 쉽게 흔들리지 않아야 합니다.

주위 사람에게 나의 꿈과 목표를 밝혔다고 합시다. 이럴 때 상대방이 "정말 좋은 아이디어네." "너라면 반드시 성공할 거야. 응원할게"라며 긍정적인 반응을 보이면 자신감이 솟아납니다.

반면에 "꿈이 있는 것은 좋지만 현실적으로는 어려울 거야." "그게 잘 될까? 무리하지 않는 편이 좋아"라는 식의 부정적인 말을 들으면 단번에 자신감이 사라져버리죠.

하지만 자신에게 확신이 있는 사람은 주위에서 부정적인 반응을 보여도 주눅 들지 않고 담담합니다. '누가 무슨 말을 해도

내 꿈을 향해 나아가자'라는 신념이 있기에 남의 의견에 좌우
되지 않고 평상심을 유지할 수 있는 것이죠.

물론 남의 의견을 듣는 것도 중요합니다. 다른 사람의 조언이
나를 도와주는 경우도 있고, 다른 사람의 건전한 비판으로 계획
이나 행동을 좋은 쪽으로 수정할 수도 있죠.

하지만 남의 의견은 참고하는 정도로만 받아들이고 너무 신
경 쓰지 말아야 합니다.

남들이 어떻게 생각하든 상관없다는 정도의 각오를 다져야
꿈으로 가는 과정에서 지치지 않습니다.

남의 의견은 참고하는 정도로만 받아들이고
자신의 소신을 믿어야 합니다.

20

열정이
습관이 될 수 있도록

'나의 꿈은 이루어진다'라고 믿으려면 목표와 바람에 대한 열정을 계속 유지해야 합니다. 열정이란 '어떻게든 이 꿈을 이루고 싶다'라는 강한 마음이니까요.

마음만 먹는다면 꿈이나 목표는 누구든 가질 수 있습니다. 그러나 어떤 일이 있어도 이 일을 하고 싶다는 열정은 쉽게 가질 수 없습니다.

살을 빼서 건강과 스타일을 되찾겠다는 목표를 가질 수는 있지만 실현하기 위해서는 피나는 노력이 필요합니다. 그러다 보니 중간에 포기하기도 하지요.

피나는 노력을 계속하게 하는 힘은 열정입니다. 목표를 이루게 만드는 열정을 유지하기란 결코 쉽지 않습니다.

열정이 없으면 욕구에 쉽게 지고 맙니다. 열정이 있는 사람은 욕구를 이겨낼 수 있지요. 강력한 소망의 에너지가 더 크기 때문입니다.

꿈과 목표를 갖고 있다면, 더불어 열정까지 갖고 있다면 그것이 이루어질 가능성은 훨씬 높아집니다. 높아진 자신감이 도전하게 만들고 행동하게 만드니까요.

욕구에 쉽게 지지 않는 강력한 소망의 에너지는
꿈과 목표에 한층 더 다가서게 만듭니다.

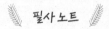

긍정적인 메시지를 자신에게 반복해서 말하면

부정적인 마음도 서서히 긍정적으로 회복됩니다.

......

'못한다'가 아닌 '어떻게 하면 할 수 있을까?'라는

적극적인 생각이 긍정적인 변화를 불러옵니다.

10 SECRETS
TO CHANGE
FORTUNE

3장

모든 말에
운의 씨앗이 숨어 있다

21

말 한마디
예쁘게 했을 뿐인데

말의 힘을 사용해서 운을 좋게 하는 방법도 있습니다. 평소에
자신이 어떤 말을 사용하는지 아는 사람은 많지 않을 겁니다.

'매일이 따분하다.'

'이 세상에는 온통 슬픈 일뿐이다.'

'하기 싫은 일투성이라서 회사를 그만두고 싶다.'

'나한테는 재능이 없어서 할 수 있는 일이 없다.'

'절대로 이루어질 수 없는 일이다.'

혹시 이런 말들을 항상 입에 담고 있나요? 부정적인 말을 계
속 쓰면 나도 모르는 사이에 마음속에 나쁜 에너지가 자라고 커
져서 운을 물리칩니다.

일상생활에서 '귀찮아'라는 말을 입버릇처럼 하고 있다고 해 보죠. 그러면 무슨 일을 하든 이 일은 힘들 것 같다거나 좀 더 쉬운 일을 하고 싶다는 생각에 사로잡혀서 적극적으로 행동하지 않게 됩니다.

그런 태도가 습관이 되면 설령 흥미를 느끼는 일이 눈앞에 있다 해도 '시간이 걸릴 듯하니 관두자.' '좋아하는 일이라고는 하지만 손이 많이 갈 듯하다'라는 부정적인 감정에 휩쓸려 그 일을 놓치고 맙니다.

말은 우리의 생각이나 행동을 조종합니다. 그러니 의식적으로라도 '매일이 즐겁다.' '일하는 보람이 있다.' '나에게는 아직 가능성이 있다.' '행복한 일이 일어날 것 같다'라는 식의 긍정적인 말을 사용해야 합니다.

말이 달라지면 마음도 달라집니다. 그러면 좋은 운으로 가는 문이 활짝 열립니다.

말이 달라지면 마음도 달라지고
운을 끌어당기는 힘이 강해집니다.

22
분위기에 휩쓸려
험담에 동참하지 마라

사실 험담을 전혀 하지 않는 사람, 욕을 한 번도 해보지 않은 사람은 거의 없을 겁니다. 자신은 그러지 않으려고 해도 주위 사람들이 험담과 욕을 늘어놓는 탓에 어쩔 수 없이 동참해야 하는 경우도 있죠.

'동료와 식사하러 가면 반드시 일이나 상사에 대한 푸념을 늘어놓는 분위기가 된다.'

'친구 여러 명과 만나면 누군가 한 사람이 그 자리에 없는 친구에 대해 험담을 늘어놓기 시작하는데, 그 내용이 사실인지 거짓인지 알 수 없지만 어느덧 분위기가 무르익는다.'

누구나 이런 상황에 처해본 적이 있을 겁니다. 이럴 때 우리는 어떻게 해야 할까요? 예를 들어 동료가 "○○ 부장은 성격이 너무 안 좋아. 너도 그렇게 느끼지 않아?"라고 동의를 바라면 어떻게 대답해야 할까요? "맞아"라고 말하면 자신도 험담하는 사람이 되는 것이고, "그렇지 않아. 좋은 사람이야"라고 부정하면 '자기만 좋은 사람인 척하네'라는 감정의 분풀이 대상이 될지도 모릅니다.

이런 경우에는 "난 부장님 성격을 잘 몰라"라거나 "그런 면도 있지"라는 정도로 의견을 삼가는 게 무난합니다.

프랑스의 격언 중에 "듣는 사람이 욕쟁이를 만든다"라는 말이 있습니다. 험담은 듣는 사람이 없으면 지속될 수 없으니까요.

'나는 험담에는 흥미가 없다'라는 태도를 보이면 험담을 습관처럼 하는 사람도 당신 앞에서는 조심하게 될 겁니다.

남에 대한 험담은

운을 가장 멀리 차버리는 말 습관입니다.

23

대화의 시작은
가볍고 즐겁게

만약 지금까지 부정적인 말을 습관처럼 해왔다면 긍정적인 말을 일상에 정착시키기가 조금은 어려울 거예요. 시간이 걸릴 수도 있고요.

그러면 우선 다른 사람과 대화할 때 반드시, 의도적으로 긍정적인 화제를 선택해보면 좋습니다.

신문이나 텔레비전에 떠들썩하게 등장한 뉴스 중에는 어두운 내용도 있지만, 밝은 뉴스를 화젯거리로 삼으면 서로가 긍정적인 말을 주고받을 수밖에 없습니다.

'우리나라 운동선수가 세계대회에서 우승했다'라거나 '유명한 CEO가 거액을 기부했다'라는 기사는 누구에게나 즐거운 뉴스입니다.

"○○ 선수 정말 대단했어!" "시합을 보고 감동했어"라는 말로 대화를 시작하면 "맞아. 정말 오랜만에 흥분하면서 봤어"라는 식으로 긍정적인 반응이 돌아올 겁니다.

"자신의 부를 사회에 나눠주다니 정말 멋진 사람이야"라고 말문을 열면 "맞아. 돈은 그렇게 가치 있게 써야 해"라는 반응이 나오겠죠.

긍정적인 대화 속에는 부정적인 말이 끼어들 틈이 없습니다. 그러니 우리 마음도 자연스럽게 긍정적인 상태가 됩니다.

무심코 부정적인 말이 나온다면 일부러라도 긍정적인 화제를 이야기할 수 있게 애써보세요. 노력하는 만큼 마음이 화답할 겁니다.

긍정적인 말에는 부정적인 마음이 끼어들 틈이 없어
자연스럽게 긍정적인 마음을 부릅니다.

'아' 다르고
'어' 다르고

아랍에는 "진리의 화살을 쏘려면 그 끝을 꿀에 담가라"라는 말이 있습니다.

진실은 상대방의 기분을 즐겁게 하지만은 않습니다. 오히려 무겁고 아픈 경우도 많습니다. 그런 진실을 직설적으로 표현하면 상대방도 상처를 입습니다. 그러니 상대방에게 아플 수도 있는 진실을 말해야 할 때는 꿀처럼 달콤하고 다정한 말로 에둘러 표현해야 합니다.

최대한 긍정적인 말을 하는 게 좋지만, 언제나 그럴 수만은 없는 일이죠. 부정적인 말을 해야 할 때가 반드시 있습니다. 그럴 때도 긍정적인 표현으로 바꾸어 말하는 것이 좋습니다.

자꾸 실수를 하고 성과를 올리지 못하는 부하 직원에게 주의를 줘야 할 때 "이거 잘못했잖아! 정말 너란 녀석은 늘 실수만 한다니까"라고 말하면 상대방은 크게 상처받습니다.

그럴 때 "늘 수고하는군. 그런데 자네가 한 이 업무에 실수가 있었어. 다음부터는 잘 모르겠거나 힘든 일이 있으면 나한테 물어보거나 선배나 동료들의 도움을 받아보게. 부끄럽다거나 다른 사람을 귀찮게 하는 게 아닐까 하는 생각은 할 필요가 없으니까"라고 표현하면 어떨까요? 듣는 사람뿐만 아니라 말한 사람 또한 기분 좋게 일을 진행할 수 있습니다.

말은 마음속으로 생각할 때보다 입 밖으로 꺼내야 큰 힘을 발휘합니다. 그러니 긍정적인 말을 사용해서 나뿐만 아니라 다른 사람에게도 힘을 주고 좋은 에너지를 전달해보세요.

긍정적인 말은 다른 사람뿐만 아니라
그 말을 한 나 자신까지 행복하게 만듭니다.

안 좋은 건
듣지도 전하지도 마라

텔레비전, 신문, 잡지, 책, 인터넷 등 우리 일상에는 정보가 넘쳐 나는 매체가 가득합니다. 그 많은 정보 속에는 듣거나 말하거나 전하지 말아야 할 정보도 많습니다. 우리 정서에 안 좋은 음악이나 영상, 과장된 광고, 출처가 불명확한 잘못된 지식이나 정보, 누군가를 비하하고 조롱하는 말 등이 그것입니다. 우연히 그런 매체를 접했다면 과감히 차단해야 합니다. 차단하는 것에서 멈추지 말고, 그런 정보를 재미 삼아, 혹은 장난 삼아 다른 사람에게 전하는 행동 또한 피해야 합니다.

우리는 다양한 가치관과 정체성이 공존하는 세상에서 살고 있습니다. 내게는 당연한 일이 누군가에게는 그렇지 않을 수 있고, 내가 옳다고 생각하는 일이 다른 사람에게는 선택적인 사항일 수도 있습니다. 그러니 어떤 일에 대해 단정적으로 말하거나 지나치게 확신하거나 내 입장에서만 평가하는 행동은 조심해야 합니다. 나는 특별한 의도 없이 한 말이어도 상대방에게는 상처가 되거나 편견 어린 말이 될 수도 있거든요.

넘쳐 나는 정보 속에서 우리는 그 정보를 모르면 나만 뒤처지지 않을까 하는 조바심에 무비판적으로 정보를 흡수한 뒤 다른 사람에게 과시하듯 전달하곤 합니다. 하지만 곰곰이 생각해보세요. 우리가 살아가는 데 정말로 필요한 정보는 그리 많지 않습니다. 따라서 나는 정보에 잘 휘둘린다는 판단이 들면 정보를 무조건 흡수하기보다는 선별해서 차단해야 합니다. 그 정보를 보았을 때 '거북한 말뿐이다.' '표현 방법에 가시 돋쳐 있다.' '어쩐지 불안하고 기분이 나쁘다'라는 느낌이 든다면 그 정보에 더 이상 다가가지 말고, 말하지도 전달하지도 않아야 합니다.

표현이 곧 메시지입니다. 안 좋은 표현 방식 때문에 불편한 기분이 든다면 그건 과감히 차단해야 한다는 신호입니다.

잘난 척은
인간관계의 독이다

《피터팬(Peter Pan)》을 쓴 영국의 작가 제임스 매슈 배리 (James Matthew Barrie)는 "인생은 겸손에 대한 오랜 수업이다" 라고 말했습니다. 인생을 살아가는 내내 배우고 쌓아야 할 만큼 겸손은 최고의 미덕이지만 그만큼 어렵다는 뜻이죠.

자신의 장점이나 매력을 지나치게 드러내는 사람은 어디서 든 환영받지 못합니다. 정말 뛰어난 장점이라면 굳이 내세우지 않아도 드러나기 마련인데, 굳이 스스로를 내세워 반감을 살 이 유가 있을까요?

모아 씨(가명, 29세)는 성격이 밝아서 어떤 사람과도 즉시 마 음을 터놓을 수 있지만 절친이 없다고 고민을 털어놓았습니다.

원인은 그녀의 말투 때문이었습니다. 주위 사람들은 그녀가 입만 열었다 하면 본인 자랑을 해서 함께 있으면 피곤하다고 느껴 왔습니다.

그녀의 친구 중 한 명은 이런 경험을 이야기하더군요. 회사를 그만둔 그녀는 좀처럼 이직이 안 돼서 걱정이 많았습니다. 답답한 마음에 모아 씨에게 자신의 처지를 푸념했더니 이런 반응이 돌아왔다고 하네요.

"나는 운이 좋아서인지 정말 잘된 경우야. 회사 두 군데에서 연락이 와서 어디로 갈까 망설였을 정도라니까."

친구는 "대단하네"라고 말해주었지만, 더 이상은 그녀와 만나고 싶지 않았습니다. 모아 씨는 자신의 말이 왜 잘못됐는지도 몰랐습니다. '사실을 말했을 뿐'이라고 생각했거든요.

암술과 수술을 노골적으로 드러내 보이는 꽃은 그 아름다움이 반감됩니다. 우리의 미덕과 장점도 감출수록 더 아름답게 빛납니다.

정말 뛰어난 장점과 매력이라면
굳이 드러내지 않아도 자연스럽게 빛납니다.

사과에도
요령이 있다

'변명'은 운을 멀리 차버리는 대화법 중 하나입니다. 만약 지인과 식사 약속을 했는데 전날 갑작스럽게 일이 생겨서 취소해야 하는 상황이라면 어떻게 해야 할까요?

이럴 때 사람들은 대부분 "미안합니다"라거나 "죄송합니다." 하고 사과합니다. 진심을 담아 딱 거기까지만 말해야 합니다. 사과의 말 뒤에 변명을 늘어놓으면 사죄하는 마음이 퇴색됩니다.

"이번 주에 너무 바빠서 약속을 잡는 게 무리라고 생각했는데 역시 그랬네. 여유가 생기면 그때 만나자. 괜찮지?"

이런 식의 변명은 상대방을 불쾌하게 만들 뿐입니다.

변명은 '나에게는 피치 못할 사정이 있으니 내 잘못이 아니다'라는 뜻을 담고 있습니다. 자신을 보호하기 위해서 하는 말이죠. 그래서 나도 모르게 변명을 덧붙이는 경우가 있는데, 사과의 의미까지 변질되니 반드시 조심해야 합니다.

자신에게 잘못이 있다고 해서 "미안합니다." "죄송합니다"라는 말을 여러 번 반복하는 것도 좋은 말 습관이 아닙니다. 지나치게 공손하고 반복적인 사과는 오히려 성의가 느껴지지 않기 때문이죠.

사과할 때는 변명하지 말고 마음을 담아서 '미안합니다'라고 한 번 사과하면 됩니다. 중요한 것은 마음입니다.

사과의 말 뒤에 변명을 붙이면
사죄의 마음이 퇴색됩니다.

주장은 부드럽게
의견은 당당하게

운을 끌어당기려면 반드시 자신의 의견을 드러내야 합니다. 상대방을 너무 배려한 나머지 하고 싶은 말을 참는 사람이 많습니다. 배려하는 마음에서 그런 태도를 취하는 것은 나쁘지 않지만 '내 의견을 말해서 비판받는 것이 두렵다.' '속마음을 남에게 알리는 것이 싫다'라는 부정적인 마음으로 의견을 드러내지 않는다면 그건 다시 생각해보아야 합니다.

'자신의 의견을 말하지 않는 사람'은 그런 태도를 취하면 주위 사람들과 평화롭게 지낼 수 있다고 생각하곤 하는데, 실제로는 그렇지 않습니다.

회사원 미에 씨(가명, 30세)는 남자친구에게 자주 듣는 말이 있습니다.

"넌 늘 내 말만 곧이곧대로 들어주는데 네 의견은 없어?"

그녀는 남자친구의 의견을 따르는 것이 원만히 지내는 비결이라고 믿었는데, 상대방은 그녀가 무슨 생각을 하는지 모르겠다고 느낀 것이죠.

미에 씨는 남자친구의 말에 꽤 충격을 받았습니다. 자신의 좋은 의도가 상대에게 그대로 전달되지 않았다는 생각에 앞으로는 자신을 숨기거나 양보하는 태도를 고치기로 마음먹었지요. 그 뒤부터 미에 씨는 용기를 내 자신의 의견을 말하기 시작했다고 합니다. 그랬더니 그 즉시 좋은 변화가 나타났다고 하네요.

"이번 여름휴가는 어떻게 할까?"

"오랜만에 둘이서 여행 가고 싶어. 도시가 아닌 한적한 지방으로 갔으면 좋겠어. 그런 곳이라면 어디든 좋아."

"그것도 좋은 생각이네. 나도 복잡한 도시를 벗어나고 싶다는 생각을 가끔 하거든."

두 사람의 대화는 활기를 띠면서 휴가에 대해 오랫동안 이야기를 나누었다고 합니다.

'나는 이렇게 생각한다'라고 자신의 의견을 부드럽게 표현하면 상대방과의 대화에도 생기가 돋아납니다.

내 의견보다는 다른 사람의 의견을 무조건적으로 받아들이는 것은 자신을 지우고 버리는 태도입니다.

텅빈 마음에 좋은 운이 찾아올 수는 없습니다.

내 의견을 말하지 않고 무조건 상대방만을
배려하는 태도는 나를 지우고 버리는 태도입니다.

29
누구에게나 통하는
마법의 말

우리가 쓰는 수많은 말 중에 '고맙습니다'라는 말은 긍정 에너지가 가장 강한 말입니다.

이 말은 만능입니다. 어떤 장소에 있든 어떤 사람을 대하든 이 한마디로 자신과 주위 사람 모두가 행복해집니다. 신세를 진 사람은 물론이고 평소에 소통이 없던 사람에게 아주 작은 이유를 들어서라도 "고맙습니다"라고 해보세요.

관리직에서 일하는 미소 씨(가명, 34세)는 부하 직원들에게 "늘 열심히 일해줘서 고마워"라는 말을 서로에게 자주 건네자고 제안했습니다. 그랬더니 부서의 분위기가 굉장히 좋아졌다고 합니다.

식당에서 맛있는 음식을 먹었을 때도 "맛있는 요리였어요. 고맙습니다"라고 점원이나 사장에게 감사 인사를 전하고, 좀처럼 만날 수 없는 친구와 전화 통화를 한 뒤에도 "이야기 들어줘서 고마워"라고 인사했더니 상대방이 무척 기뻐했다고 합니다. 그렇게 말하는 미소 씨의 표정도 밝아지기 시작했고요.

'고맙다'라는 말은 상대방뿐만 아니라 그 말을 한 사람의 마음에도 긍정 에너지를 불어넣습니다.

고마운 마음을 표현하는 데 부끄러워할 필요가 있을까요? 주위를 둘러보면 고마움을 표현하고 싶어지는 일이 많습니다. '오늘도 건강하게 지낼 수 있게 도와줘서 고마워'라고 자신에게 말을 걸어도 좋습니다.

긍정적인 감정은 자꾸 표현해야 합니다. 그래야 그 감정이 더 커지고 더 많아집니다.

> '고맙다'라는 말은 상대방뿐만 아니라 그 말을 한
> 사람의 마음에도 긍정 에너지를 불어넣습니다.

30

한 번 뱉은 말은
취소할 수 없다

"혀 아래 도끼 들었다"라는 속담이 있습니다. 말을 잘못하면 상처를 줄 수 있으니 늘 주의해야 한다는 의미입니다.

'상대방에게 흥미를 느껴서 개인적인 질문을 했더니 분위기가 어색해졌다.'

'나로서는 나쁜 뜻이 전혀 없는 말이었는데 상대방을 화나게 하고 말았다.'

누구든지 이런 경험을 한 적이 있을 겁니다. 한 번 내뱉은 말은 취소하기 어려우니 항상 신중해야 합니다. "정말 미안합니다"라고 성심성의껏 사과했다고 해도 상대방을 불쾌하게 만들거나 상처 준 사실은 사라지지 않으니까요.

이런 실수를 하지 않으려면 평소에도 '공손한 말투'를 쓰려고 신경 써야 합니다.

스타일이 좋은 사람이 착용한 모자나 신발에 흥미를 느꼈다면 "○○ 씨는 언제 봐도 멋쟁이예요. 전 패션 센스가 없어서 그런지 그런 스타일을 내기가 어려워요. 괜찮다면 쇼핑 팁 좀 알려주시겠어요?"라는 식으로 칭찬을 섞어가며 물어보면 사적인 질문이라도 상대방은 기분 나빠하지 않을 겁니다.

하지만 "그 모자 얼마예요?" "늘 비싸 보이는 옷만 입네요. 어디서 샀어요?" 같은 말투는 칭찬하는 속뜻을 담고 있더라도 상대방에게 나쁜 인상을 줍니다.

한 번 뱉은 말은 주워 담을 수 없다는 사실을 잊지 말고 상대방의 기분을 생각해서 말을 한다면 누구든 대화의 달인이 될 수 있습니다.

한 번 내뱉은 말은 취소하기 어려우니
항상 신중해야 합니다.

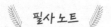

필사 노트

말이 달라지면 마음도 달라지고

운을 끌어당기는 힘이 강해집니다.

......

사과의 말 뒤에 변명을 붙이면 사죄의 마음이 퇴색됩니다.

10 SECRETS
TO CHANGE
FORTUNE

4장

부정적인 생각은
찾아오는 운도 막는다

31

'재수 없다'는 생각을
지운다

'퇴근 후 남자친구하고 영화를 보려고 했는데 갑자기 상사가
잔업을 시켰다.'

'태풍 때문에 오랫동안 계획한 여행을 가지 못했다.'

이런 상황에 닥치면 우리는 습관적으로 '재수 없다'라고 생
각합니다. 그런 생각은 마음에 부정적인 에너지를 불러 모아 기
분까지 우울하게 만듭니다.

마음에 나쁜 기분이 쌓이면 그 일과 관계없는 일에도 짜증을
내고 화가 치밀죠. 그러다 보면 일에서 실수를 하거나 누군가와
오해를 빚을 수도 있습니다. '재수 없다'라는 생각이 부정적인
에너지를 끌어당겨서 더 재수 없는 일이 일어나는 겁니다.

운이 좋아지려면 이런 부정적인 연쇄 효과를 차단해야 합니다. 의식적으로 기분을 전환해서 긍정적인 생각으로 마음을 환기시켜야 해요.

만약 약속이 있었는데 갑작스러운 야근 때문에 약속을 깨야 한다면 누구나 짜증이 나겠죠. 하지만 아무리 짜증을 내봐야 야근을 해야 한다는 사실은 변하지 않습니다. 그럴 때, 야근을 하면 내일 할 일이 순조롭게 진행되고 여유가 생긴다고 생각하면 어떨까요?

태풍으로 여행을 가지 못했다면 여행 가서 태풍을 만나지 않은 게 천만다행이라고, 이번에 못 쓴 여행비를 모아서 나중에 더 좋은 여행지로 가겠다고 생각한다면 기분이 전환될 겁니다.

바뀔 수 없는 상황을 앞에 두고 재수 없다고 생각하는 것보다 운과 친해질 수 있는 좋은 방법입니다.

어쩔 수 없는 상황에 처했다면 상황을 받아들이고
긍정적인 생각으로 기분을 다스립니다.

32

실패가 진짜 실패가
되지 않으려면

"원숭이도 나무에서 떨어진다"라는 속담이 있습니다. 그 방면의 달인이라고 불리는 사람도 실패하는 경우가 있다는 뜻이죠. 그러니 실패를 나만의 불행이라고 생각해서는 안 됩니다.

자신의 실패에 낙담해서 '이런 실수를 저지르다니 나는 쓸모없다.' '나에게는 능력이 없다'라며 심각하게 좌절하는 사람이 있습니다.

하지만 곰곰이 생각해보세요. 한 번도 실패해보지 않은 사람은 없습니다. 심지어 역사에 남은 위인들도 모두 실패했던 적이 있는 사람들입니다.

실패했을 때 '이 실패에서 나는 무엇을 배워야 할까?'라고 생각해봅시다.

컴퓨터로 업무를 거의 마쳤는데 잠깐의 실수로 중요한 데이터를 모두 지워버렸다면 '나는 왜 이 모양일까. 정말 최악이야'라며 자책하지 말고, '다시 작업하다 보면 이전보다 더 좋은 자료를 만들 수 있다'라거나 '더 중요한 일에서 실수하지 않아 다행이다'라고 생각하는 거죠.

이런 일을 한 번 겪고 나면 '중요한 데이터는 확실히 저장해놓자.' '데이터를 날려버리지 않도록 복사해서 다른 파일에도 저장해놓자'라는 식으로 실수를 방지하고 개선하는 방법을 찾게 됩니다.

실패는 공부입니다. 실패에 절망하고 괴로워하는 것만으로는 아무것도 얻지 못할 뿐더러, 다시 일어설 수 있는 힘마저 빼앗깁니다.

실패에서 '성공하는 법'을 찾으면 실패를 디딤돌 삼아 좋은 운에 다가갈 수 있습니다.

실패에서 무엇을 배울 수 있을지
되돌아보아야 실패가 실패로 끝나지 않습니다.

큰 시련 뒤에
숨은 의미

혹시 '내 인생은 괴로운 일뿐이라서 좀처럼 운이 좋아지지 않는다'라고 비관하고 있나요?

하지만 잠깐만 다시 생각해봅시다. 괴로운 일이 반드시 나쁜 것만은 아닙니다. 그 안에도 어떤 의미가 숨어 있습니다.

매스컴 업계에서 일하는 이랑 씨(가명, 27세)는 종종 일어나는 원인불명의 복통으로 고통스러웠습니다. 그다지 병을 앓아 본 적이 없어서 '곧 낫겠지.' 하며 병원에도 가지 않았지요. 그런데 직장인 건강검진을 받았을 때 부인과 계통의 병을 앓고 있다는 진단을 받았습니다.

이랑 씨는 눈앞이 깜깜해졌습니다. '앞으로 내 인생은 어떻게 되는 걸까…' 절망스러웠지요.

그러던 어느 날, 생각의 전환이 일어났습니다.

'지금까지 나는 밤을 새우면서, 상사에게 호통을 들으면서 일하는 걸 당연하게 여겼어. 하지만 이젠 아니야. 내가 정말로 하고 싶은 일을 할 거야. 나답게 살 거야.'

이랑 씨는 입원 중에 회사를 그만두었고, 지금은 집에서 좋아하는 책을 마음껏 읽으며 회복에 집중하고 있다고 합니다. 언제나 바빴던 이랑 씨가 질병으로 인해 자기 자신과 마주할 수 있는 기회를 찾은 것이지요.

병은 고통스럽지만 그런 큰 시련 앞에 섰을 때 깨닫게 되는 인생의 진리도 있습니다. 절망적인 상황에 닥쳤더라도 그 상황에서 의미를 찾고 낙천적으로 받아들이면 좋은 운이 다시 찾아옵니다.

큰 시련 앞에 섰을 때 깨닫게 되는
인생의 진리도 있습니다.

나쁜 일과 좋은 일은
손을 잡고 온다

"불행의 가까운 곳에는 행복이 숨어 있습니다. 행복의 가까운 곳에도 불행이 숨어 있습니다. 결국 그것이 행복인지 불행인지 아무도 확인할 수 없습니다(禍兮福之所倚. 福兮禍之所伏. 孰知其極. 其無正화혜복지소의 복혜화지소복 숙지기극 기무정)."

중국에서 태어나고 자란 사상가 노자(老子)가 《노자 도덕경(老子道德經)》 58장에 남긴 말입니다.

인생이란 신비로운 것이어서 무엇이 행복이고 무엇이 불행인지 당시에는 알 수 없습니다. '그때 일어난 불행한 일이 지금 의운을 얻는 계기였다.' 하는 일이 얼마든지 일어날 수 있습니다.

소미 씨(가명, 29세)는 어느 날 갑자기 약혼자에게 차였습니다. 한 번도 생각해보지 못했던 일이라 그녀는 크게 충격을 받았습니다. 아무래도 약혼자가 소미 씨 말고도 다른 여성을 사귀었던 모양이었습니다.

약혼자를 철석 같이 믿고 결혼 준비를 하던 소미 씨는 하늘이 무너져 내리는 것만 같은 절망적인 기분을 느꼈습니다. 사람들도 만나기 싫었고, 우울증이 왔으며, 밥이 목으로 넘어가지 않을 정도로 정신 상태마저 불안해졌습니다.

하지만 그 후 상황이 급변했습니다. 소미 씨의 실연을 걱정하며 식사하러 가자, 영화 보러 가자고 말해준 친한 직장 동료가 고백을 해온 겁니다. 그는 성실하고 배려심 넘치는 소미 씨가 뜻밖의 아픔으로 괴로워하는 모습을 보며 마음이 아팠고, 그녀가 더는 불행해지지 않았으면 하는 마음으로 곁에서 그녀를 돌보다가 사랑에 빠지고 만 것이죠.

그의 다정함과 따뜻한 마음은 소미 씨를 슬픔의 구렁텅이 속에서 구해주었습니다. 소미 씨는 '믿었던 사람으로부터 배신당하는 불행'을 겪었지만, 그 덕택에 '더 좋은 연인'을 만나 새로운 행복을 만날 수 있었습니다.

지금 불행의 밑바닥에 웅크리고 있나요? 세상에 혼자 남겨진 것 같나요? 절망하지 마세요. 언젠가 반드시 행복이 찾아옵니다. 지금의 아픔이 계기가 되어 그 아픔을 보상할 만한 기쁜 일이 반드시 찾아옵니다. '인생은 새옹지마'라는 말도 있잖아요.

지금 나의 상황을 '인생의 궤도 수정'이라고 생각하면 상황은 긍정적으로 달라질 겁니다. 아픔을 견디고 이겨내는 사람에게만이 달콤한 행복의 순간이 찾아옵니다.

최악의 상태일 때야말로
진정한 행복을 만날 기회입니다.

원래 인생은
뜻대로 되지 않는다

"현명한 사람은 더 좋은 것이 있다는 사실을 알면 과거의 생각에 사로잡히지 않고 인생을 바꾼다."

고대 중국에 전해져오는 《역경(譯經)》에 나온 구절입니다.

아마 누구라도 '인생이 내 뜻대로 된다면 얼마나 좋을까'라는 생각을 해보았을 겁니다. 하지만 현실은 그리 녹록치 않습니다.

'꿈을 이루기 위해서 열심히 노력했지만 실현하지 못해서 결국 다른 길로 갔다.'

'어떻게든 그 회사에서 일하고 싶어 여러 번 시험을 봤지만 결국 떨어졌다.'

유감스럽게도 이렇게 뜻을 이루지 못한 채 살아가는 사람들이 무수히 많습니다.

하지만 뜻을 이루지 못했다고 그들이 불행한 사람들일까요? 결코 그렇지 않습니다. 오히려 다른 형태의 운을 붙잡아 성공하는 사람도 많습니다.

세계에서 가장 유명한 패션 브랜드 샤넬(CHANEL)을 창시한 가브리엘 샤넬(Gabrielle Chanel)도 그렇게 성공한 사람 중 한 명입니다.

그녀는 사실 샹송 가수를 꿈꾸었습니다. 하지만 가창력이 부족해 가수로 성공하지 못하리라는 걸 알았지요. 그래서 자신 있었던 재봉 기술을 살려 파리에 모자 가게를 차립니다. 샤넬의 모자는 실용적이면서도 아름다운 디자인으로 순식간에 유명해졌고, 그녀는 의상, 가방, 소품으로 영역을 넓혀갑니다.

운으로 가는 길은 하나가 아닙니다. 관점을 바꾸면 여러 갈래의 인생 길이 있습니다.

때로는 뜻대로 되지 않아야
좋은 경우도 있습니다.

지금
이대로도 좋다

'소욕지족(少欲知足)'이라는 말이 있습니다. 너무 많은 것을 바라지 말고 만족할 줄 알아야 한다, 다시 말해 현재 상태에 만족하라는 의미입니다. 지나치게 욕심 부리지 말고 주어진 현실을 받아들여야 행복에 다가갈 수 있다는 가르침이지요.

우리는 행복해지기 위해서 무언가를 얻으려고 노력합니다. 그중에서도 꿈과 목표를 이루는 것이 무엇보다 중요하다고 생각하지요. 그러나 꿈과 목표를 갖는 것만큼이나 지금 주어진 삶에 만족하는 것도 중요합니다.

'지금 하는 일에서 보람을 느낄 수 없다. 날마다 잡일만 해서 일할 의욕이 나지 않는다.'

'작년에 열심히 일한 대가로 보너스가 나왔지만 예상보다 100만 원이나 적어서 실망했다.'

'연인이 생긴 것은 기쁘지만 취향이 달라서 그런지 데이트를 해도 딱히 즐겁지 않다.'

누구든지 이런저런 불만 한두 개쯤은 갖고 있을 겁니다. 그렇다고 불만에만 초점을 맞추면 모든 것이 불만스럽게 보일 뿐입니다. 바꿀 수 있거나 개선할 수 없는 일이라면 있는 그대로를 받아들이고 만족할 수 있는 부분에 집중해보세요. 어떻게 생각하느냐에 따라 지금 상황이 불만족스러울 수도, 괜찮을 수도 있습니다.

'우리 회사는 야근도 별로 없고 월급도 안정적이라서 일하기 편하다.'

'불경기인데 보너스를 주다니 그것만으로도 고맙다.'

'남자친구의 취향에 맞춰서 평소에 하지 않은 일에 도전하는 것이 의외로 재미있다.'

똑같은 상황이라도 마음 깊은 곳에 만족감이 있으면 누구든 행복해집니다. 고통스럽고 힘든 일까지 억지로 긍정적으로 생각하며 참으라는 뜻이 아닙니다. 모든 일에는 빛과 그림자가 있으니 지금 내 상황에서 어디에 초점을 맞추어 바라볼 것인가를 곰곰이 생각해보는 것이 좋다는 뜻입니다.

'지금 나에게 주어진 삶이 충분히 행복하다'라고 느끼는 것은 자신의 행복을 스스로 만들어가는 능동적이고 적극적인 삶의 태도입니다.

꿈과 목표를 갖는 것만큼이나
지금 주어진 삶에 만족하는 것도 중요합니다.

37

완벽이라는
강박에서 벗어나면

세상에는 100퍼센트 완벽하게 해낼 수 있는 일이 거의 없습니다. 아무리 노력해도 생각만큼 되지 않는 일도 있고, 해냈더라도 어딘가 아쉬운 점이 생기기도 합니다. 너무나 당연하고 자연스러운 일이지요.

하지만 모든 것을 완벽하게 끝내야 한다고 생각하는 사람들이 있습니다. 이른바 '완벽주의자'라고 불리는 사람들인데, 이런 성향의 사람들은 자신의 운을 스스로 물리치는 경향이 있습니다. 너무나 잘하려다가 오히려 일을 망치거나 잘해놓은 일에도 만족하지 못하니 마음속에 부정적인 에너지만 잔뜩 쌓이게 되는 것이죠.

미용사 지야 씨(가명, 30세)는 매우 유능한 여성입니다. 일본의 모든 미용사들이 모여 기능을 겨루는 대회에서 입상한 경험이 있을 정도입니다.

하지만 그녀는 상을 받아도 별로 기쁘지 않았습니다. '유명한 상을 받았으니 완벽한 미용사가 돼야 해'라는 강한 부담감을 느꼈기 때문입니다.

예약 문의가 와도 고객의 주문에 완벽하게 대답해야 한다는 생각 때문에 오히려 쓸데없는 의욕이 솟구쳐 제대로 소통하지 못할 때도 있었습니다.

고민에 빠진 그녀는 존경하는 선배에게 속마음을 털어놓았습니다. 선배는 이렇게 조언했습니다.

"누구나 실수하고, 그 실수를 토대로 발전하는 거니까 어깨의 힘을 좀 뺐으면 좋겠어."

그 후로 지야 씨는 '완벽주의자가 아니어도 괜찮다'라고 생각하기 시작했습니다. 주문처럼 그렇게 되뇌이다 보니 태도도 점점 달라졌지요.

인간이라면 누구나 완벽할 수가 없는데 완벽을 추구하려니 마음이 괴로워집니다. 노력은 해야겠지만 '어느 정도 잘하면 된다'라고 마음 편하게 생각해야 행복해집니다. 누구나 타고난 재능과 능력이 있습니다. 그런데 자신의 재능과 능력을 뛰어넘어 더 큰 무언가를 바라면 몸과 마음이 망가질 수밖에 없습니다. 무기력하게 자신의 상황을 받아들이고 희망을 가지지 말라는 뜻이 아니라, 자신이 가진 능력 안에서 마음껏 꿈꾸고 성취하면서 자신을 사랑하는 마음을 잃지 말라는 뜻입니다.

누구나 실수하고
그 실수를 토대로 발전합니다.

38
반드시 해야 하는
일은 없다

누구든 마음속에 '~하는 편이 좋다.' '~해야 한다'라는 규칙을 갖고 살아갑니다. 특히 진지하고 자신에게 엄격한 성향의 사람은 온갖 규칙을 정해놓곤 합니다.

'내 일은 남의 힘을 빌리지 않고 반드시 혼자 처리해야 한다.'

'누군가에게 선물을 받으면 상대방이 준 것보다 더 비싼 것을 선물해야 한다.'

'내 방은 늘 깨끗해야 한다.'

물론 이런 규칙들은 의도가 좋습니다. 그대로만 된다면 성취감을 느낄 수도 있지요. 하지만 현실은 자신이 세운 규칙대로 흘러가지 않습니다.

마감 시간까지 업무를 마치지 못할 것 같으면 동료에게 도움을 요청하는 것이 여러모로 효율적입니다. 누군가의 호의에 대해 꼭 가격으로 답례할 필요는 없습니다. 마음을 담는 것이 중요하지요. 방을 깨끗하게 유지하는 건 좋지만 정신없이 바쁜 날에는 청소를 못할 수도 있습니다.

'~해야 한다'가 의무감이 되거나 강박이 되면 마음에 부정적인 에너지가 쌓입니다. '규칙대로 할 수 있는 일도 있지만 못하는 일도 있다'라고 예외를 둔 뒤 '못할 때가 있어도 괜찮다'라고 조금 가볍게 생각해야 마음이 여유롭고 자유로워집니다.

규칙대로 행동하는 것도 좋지만 못하는 일도 있다고
너그럽게 생각해야 마음이 평화로워집니다.

39

어쩔 수 없는
문제도 있다

우리는 늘 '포기하지 마라'라는 말을 듣고 자랐습니다. '포기'
는 실패이며 나약한 것이라고 여기며 살아왔죠. 그러나 고통스
럽고 불행하기만 한 일을 끙끙거리며 놓지 못하는 것보다는 단
호하게 포기하는 용기도 필요합니다. 그래야 마음이 건강해집
니다.

살다 보면 온갖 고민거리가 생깁니다. 그중에는 '아무리 생
각하고 노력해도 어쩔 수 없는 문제'가 있습니다.

'열심히 일했지만 회사 실적이 악화되어 정리해고 대상이 되
었다.'

'자전거를 타다가 갑자기 차가 달려들어 크게 다쳤다.'

이렇게 나의 탓이 아닌 누군가의 잘못이나 안 좋은 상황으로 낭패를 보는 경우가 있습니다. 인생은 예상치 못한 순간에 덜컥 불행을 던져주곤 하니까요.

그런 일에 부딪혔을 때 '왜 나만 이런 불행한 꼴을 당하는 거야?'라고 낙담하지 마세요. 아무리 불평하고 억울해해도 이미 벌어진 일은 돌이킬 수 없습니다.

정리해고 대상이 되면 '앞으로 어떻게 살아가지?'라는 고민이 생깁니다. 교통사고에 휘말리면 '그 시간대에 왜 그 길을 지나갔을까?'라고 후회하는 마음이 커지죠.

하지만 무슨 소용이 있을까요? 아무리 고민하거나 후회해도 어쩔 수 없습니다. 해결할 수 없는 문제에 집착하면 부정적인 에너지가 나의 온몸과 정신을 지배합니다.

'인생에는 어쩔 수 없는 일이 있다.'

'앞으로 어떻게 하느냐가 중요하다.'

이런 생각으로 자신을 다독여보세요.

긍정적인 마음이 쌓이고 쌓이면 마침내 좋은 운이 찾아옵니다.

인생에는 어쩔 수 없는 일이 있으니
단호하게 포기하는 용기도 필요합니다.

40

과거에 집착하느라
현재를 망치지 마라

'집착'이라는 말이 있습니다. 불교에서는 모든 괴로움과 슬픔은 '자신이 집착한 일'이 원인이 되어 일어난다고 여깁니다. 그래서 부처는 '집착'을 없애면 괴로움이 사라진다고 설명했지요.

사람에게는 크건 작건 집착하는 일이 있습니다. 그중에서 특히 과거에 집착하는 사람들이 많죠. '예전에 친구에게 배신당한 충격 때문에 지금도 친구를 사귀기가 겁이 난다'라고 털어놓는 사람들도 많습니다.

이런 사람들은 새로운 친구를 만들려고 해도 '또 배신당하지 않을까?'라는 생각에 주저하거나 인간관계에 거북함을 느끼곤 합니다.

'결혼하기 전에는 적어도 1년에 한 번씩 해외여행을 갔는데 지금은 아둥바둥 사느라 꿈도 꾸지 못하니 인생이 너무 재미없다'라고 우울감에 빠진 사람도 있습니다. 이런 사람들은 '예전에는 좋았는데 지금은…'이라며 어떤 일에도 의욕을 보이지 않습니다. 매일이 따분하다며 부정적인 생각으로 시간을 보내죠.

과거에 대한 '집착'을 버려야 합니다. 지금 상황을 받아들이고 긍정적인 마음으로 바꾸어야 합니다. 과거는 과거일 뿐이고 이미 지나간 시간이니까요.

과거에 대한 집착을 버리면
부정적인 생각도 사라집니다.

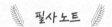

필사 노트

큰 시련 앞에 섰을 때 깨닫게 되는 인생의 진리도 있습니다.

......

인생에는 어쩔 수 없는 일이 있으니

단호하게 포기하는 용기도 필요합니다.

10 SECRETS
TO CHANGE
FORTUNE

5장

꿈이 있는 사람에게
운이 함께한다

41

바라면
이루어진다

'학창시절 친구와 오랜만에 만나고 싶다고 생각했는데 그 친구에게서 다 같이 모여 식사하자는 메일이 왔다.'

'좋아하는 일을 하며 성공한 사람과 친구가 되고 싶었는데 한 세미나에서 옆자리에 앉은 사람이 그런 여성 경영자였다.'

이렇게 '마음속으로 생각한 일이 이루어지는 경험'을 누구든 한 번쯤은 해보았을 겁니다.

이런 현상을 '끌어당김의 법칙'이라고 합니다. 다시 말해 마음속으로 즐겁거나 가슴 설레는 일을 생각하면 정말로 그런 일이 일어난다는 것이죠.

반대되는 상황도 마찬가지입니다. 마음속으로 괴롭거나 슬픈 일을 생각하면 실제로 그런 일이 일어납니다. '설상가상(雪上加霜)'이라는 말이 있듯이, 괴로울 때 낙담하면 또다시 괴로운 일이 일어납니다.

마음에는 기대와 꿈을 현실로 끌어당기는 자석 같은 힘이 있습니다. 그러니 '이렇게 되면 좋겠다'라는 소망이나 '이렇게 되고 싶다'라는 꿈을 가지면 정말로 그런 일이 일어납니다. 물론 당장 이루어지지 않을 수는 있습니다.

하지만 이런 생각을 자주, 반복적으로 하면 가슴이 설레고 희망이 생겨 긍정 에너지가 샘솟고, 이는 다시 좋은 운을 불러들이는 강한 힘이 됩니다.

마음에는 기대와 꿈을 현실로 끌어당기는
자석 같은 힘이 있습니다.

꿈은
상상에서 시작된다

꿈과 소망을 가지면 마음이 저절로 두근거립니다. 마음이 두근거리면 마음속에 긍정 에너지가 솟아납니다. 그 에너지는 긍정적인 현상, 즉 운을 끌어당기지요.

하지만 '내가 무엇을 바라는지 모르겠다.' '꿈이 딱히 떠오르지 않는다'라고 말하는 사람도 많습니다. 그렇다면 잠자리에 들기 전에 눈을 감고 내가 되고 싶은 나는 어떤 사람인지 자유롭게 상상해보세요.

누구든지 어릴 때는 마음대로 상상을 즐겼을 거예요. 전래동화를 읽고 커다란 성에 살고 싶다거나 하늘을 날아보고 싶다는 꿈을 꾸었을지도 모릅니다.

하지만 어른이 되면서 우리는 점점 상상력을 잃어갑니다. 세상의 혹독한 현실을 직접 목격하고 경험하는 일이 많아지다 보니 상상에도 자꾸 제약을 두는 것이죠. 현실적으로 어렵다거나 이루어지지도 못할 허황된 꿈이라는 생각이 들기 때문입니다.

하지만 꿈은 상상에서 시작됩니다. 인류가 비행기를 발명할 수 있었던 것은 라이트 형제가 '하늘을 날고 싶다'고 상상했기 때문이지요.

생각에 제한을 두지 말고 자유롭게 상상해보세요. '이렇게 살고 싶다.' '이런 내가 되고 싶다'라고 상상하는 것만으로도 일상이 반짝반짝 빛날 겁니다.

자유롭게 마음껏 상상하는 것이
꿈을 찾는 열쇠가 됩니다.

'다시 태어나면 하고 싶은 일'을 지금 한다

'꿈을 갖고 싶지만 도무지 못 찾겠다'라는 사람은 시점을 조금 달리해볼까요? '만약에 다시 태어난다면 어떤 인생을 살고 싶은가?'라고 자신에게 질문해보는 겁니다.

'전 세계를 여행하고 싶다.'

'패션과 관계된 일을 하고 싶다.'

'넓은 단독주택에 살면서 개와 고양이, 새 등 많은 동물을 기르고 싶다.'

이렇게 구체적으로 다가가면 되고 싶은 나의 모습, 살고 싶은 나의 인생에 대한 대답은 수없이 많아집니다. 이 생각 속에 꿈과 소망에 관한 힌트가 숨어 있습니다. '다시 태어나면 해보고 싶은 일'을 생각하다 보면 굳이 다시 태어나지 않더라도 지금 당장 시작할 수 있는 일이 많기 때문입니다.

직장을 그만두고 전 세계를 여행하기란 어려울지 모릅니다. 하지만 지금부터 차근차근 돈을 모은 뒤 회사에 휴가를 내면 몇 개국은 돌아볼 수 있습니다. 그런 방식으로 여행을 하다 보면 회사를 그만두는 큰 결단을 내리지 않더라도 전 세계를 여행할 수 있을 겁니다.

패션 업계에서 일하고 싶다면 과감하게 이직을 고려하는 방법은 어떨까요? 처음부터 다시 시작하겠다는 각오로 용기를 내는 겁니다. 관련 경험이 전혀 없어 두려운 마음이 든다면 다양한 교육 기관에서 기초 경험을 쌓고 전문가들의 조언을 듣는 것도 큰 도움이 될 겁니다.

단독주택에서 살고 싶다는 꿈도 자신의 상황에 맞는 방법을 찾으면 못 이룰 것도 없습니다. 꼭 집을 사지 않더라도 빌리는 방법도 있겠지요. 요즘은 최소비용으로 집을 짓는 방법도 많으니 장기적인 계획을 세워 돈을 모아 꿈을 이룰 수도 있습니다.

'말이 쉽지, 어차피 나한테는 무리야'라고 생각하면 아무것도 할 수 없습니다. 모두가 안 된다고, 모두가 무리하지 말라고 말리는 일을 당당하게 도전해 실현하는 사람은 많습니다.

다시 태어나지 않더라도 지금 자신의 모습과 상황에서 이룰 수 있는 꿈은 반드시 있습니다.

'내 꿈은 무엇인가? 무슨 일을 할 때 가장 기쁜가?'

자신에게 꼭 던져봐야 할 질문입니다.

다시 태어나지 않더라도 지금 자신의 모습으로
이룰 수 있는 꿈은 반드시 있습니다.

꿈으로 가는
징검다리

꿈을 찾았다면 최대한 구체적인 목표를 세워야 합니다. 창업하고 싶다는 꿈을 막연하게 동경하기만 하면 꿈을 끌어당기는 힘이 더 이상 강해지지 않습니다. 힘이 부족하면 행동할 마음도 들지 않고 두근거리는 마음도 생기지 않습니다.

그럼 어떻게 해야 할까요?

'2년 안에 회사를 그만두고 창업해야지. 그러려면 지금부터 매달 50만 원씩 저금하고 보너스는 전부 모으자. 그리고 한 달에 한 번은 창업가 교류회에 참석해야겠다.'

'3년 후에는 창업을 할 거야. 궤도에 오르기 전까지는 경비 절약을 위해 임대 사무실을 이용하자.'

이런 식으로 꿈의 내용과 시기를 최대한 명확하고 구체적으로 계획해야 합니다. 명확한 목표를 세우는 것은 인생의 내비게이션에 목적지를 입력하는 것과 같습니다. 막연하게 '행복해지고 싶다'고 하면 무엇이 자신의 행복인지 몰라 어디로도 나아갈 수 없습니다.

어떤 여성은 이번 달 안에 노래방에서 좋아하는 노래를 불러 95점을 얻겠다는 목표를 정한 뒤 매일 밤마다 집에서 연습을 했다고 합니다. 그러자 그때까지 느꼈던 일에 대한 고민이 싹 사라졌다는군요.

목표를 세우면 목표에 다가갈 때마다 행복을 느끼고, 목표를 달성했을 때는 커다란 만족감으로 활기를 얻을 수 있습니다. 일단 작은 목표부터 시작하세요. 하루하루가 새롭게 두근거릴 겁니다.

명확한 목표를 세우는 것은 인생의 내비게이션에
목적지를 입력하는 것과 같습니다.

꿈에 긍정적인 이미지를 덧칠한다

꿈을 찾아서 새롭게 목표를 정했다고 해도 바쁘게 지내다 보면 반드시 꿈을 이루겠다는 열정이 사라지기 쉽습니다. 그럴 때 자신의 꿈을 사진이나 글로 표현해보는 건 어떨까요?

'영어 소설책을 완독하겠다.'

'바이올린으로 좋아하는 곡을 연주하겠다.'

'이탈리아로 여행을 가겠다.'

이런 식으로 바라는 점을 표현하는 겁니다. 이때 '한 번도 성공하지 못했던 영어 소설책 완독' '너무 비싸서 한 번도 가보지 못한 이탈리아'처럼 부정적인 말로 표현하지 않도록 주의해야 합니다. 부정적인 말을 사용하면 뇌가 생각을 부정적으로 이미지화해서 부정적인 에너지를 끌어당기기 때문입니다. 싫어하는 사람의 얼굴을 생각하지 말라고 하면 무의식중에 그 사람의 얼굴을 떠올리는 게 뇌의 특성입니다.

꿈을 연상케 하는 사진을 글 옆에 붙이는 것도 도움이 됩니다. 자격증을 따고 싶다면 합격한 사람의 기뻐하는 표정이나 열정적으로 일하는 모습 등을 잡지나 인터넷에서 찾아 붙이는 겁니다. 연인을 만들고 싶다면 데이트할 때 가고 싶은 장소나 이상형에 가까운 인물의 사진을 붙여놓는 것도 괜찮은 방법입니다. 가고 싶은 여행지의 사진이나 묵고 싶은 호텔, 현지에서 해보고 싶은 일을 사진으로 붙여놓으면 보는 것만으로 실현하고 싶다는 생각이 들 겁니다.

뇌는 말을 듣는 것보다 눈으로 보는 정보에 더 큰 영향을 받습니다. 사진이나 글로 꿈과 목표를 표현하면 뇌와 마음에 확실히 새길 수 있고, 그러면 소망을 끌어당기기도 쉬워집니다.

꿈을 눈에 보이는 형태로 표현하면
성취하고 싶은 마음이 더욱 커집니다.

잠재의식도
꿈꾸게 한다

꿈을 이루려면 마음속 깊은 곳에 자리한 '잠재의식'을 활용하는 것이 중요합니다. '잠재의식'이란 인간의 의식 약 90퍼센트를 차지하는 무의식의 영역을 가리키죠.

스스로 의식하지 않아도 심장이 움직이거나 호흡할 수 있는 것은 '살아간다'라는 인간의 본능(정확히 말하면 자율신경)이 자연스럽게 시키는 겁니다.

잠재의식도 마찬가지입니다. 무의식중에 '의식 속에 있는 것'을 현실화하려고 하죠. 따라서 꿈에 대해 계획하거나 꿈이 이루어진 상황을 이미지화해서 잠재의식에 '이 꿈을 반드시 이루겠다'라고 새겨 넣어야 합니다.

하나 씨(가명, 29세)는 '자신이 꿈꾸는 집에서 싱글 라이프를 즐긴다'라는 꿈을 글로 적고 그 옆에 이미지에 맞는 사진을 붙인 수첩을 늘 들고 다녔습니다. 전철을 탈 때나 휴식시간에 그 수첩을 바라보는 일이 습관이 되었지요. 그리고 아침에 일어났을 때와 밤에 자기 전에 그 수첩을 보며 자신의 꿈을 소리 내어 읽었다고 합니다.

그러던 어느 날, 스마트폰으로 인터넷 정보를 보는데 우연히 자신이 꿈꾸던 집과 조건이 딱 맞는 집을 보았습니다. 하나 씨는 곧바로 연락을 했고, 지금은 그토록 바라던 집에서 원하던 싱글 라이프를 즐기고 있습니다.

'바라면 이루어진다'는 것을 체감한 하나 씨는, 이제는 다음 꿈을 이미지화하고 있습니다.

언제나 꿈을 말하고 되새기면
잠재의식이 긍정적으로 작용하여 꿈을 끌어당깁니다.

가장 이루고 싶은 꿈을
최우선으로 한다

IT 기업에 근무하는 아라 씨(가명, 34세)는 스타일에 투자를 하고, 마음에 드는 강좌를 듣고, 해외여행을 다니면서 바쁘고 즐거운 나날을 보내며 살았습니다.

그러나 그녀가 정말로 이루고 싶은 꿈은 '내 일을 이해해주는 남성과 행복한 결혼 생활을 하는 것'이었습니다. 하지만 그녀의 현실은 결혼은커녕 연인도 생기지 않는 상황이 몇 년이나 지속되고 있었지요.

그녀는 결혼을 하고 싶지만 지금 생활도 버리기 싫은 이중적인 마음을 갖고 있었습니다. 그러다 보니 정말 이루고 싶은 꿈을 뒤로 미루고 있었던 것이죠.

이런 이야기를 들어본 적이 있나요? 커다란 항아리 하나에 큰 돌을 잔뜩 채워서 더 이상 들어가지 않는 상태가 된 후에도 자갈이나 모래는 아직 넣을 수 있다는 이야기 말입니다. 하지만 이 항아리에 자갈이나 모래를 잔뜩 넣은 후에 커다란 돌을 넣으려고 하면 단 하나도 들어가지 않습니다.

인생의 우선순위도 마찬가지입니다. 커다란 꿈(돌)에 먼저 대처하지 않으면 자질구레한 일로 시간이 부족해져서 꿈을 이룰 수 없습니다. 작은 꿈(모래)은 나중에 이루어도 괜찮지 않을까요?

꿈이 많은 것은 좋은 일입니다. 그것만으로도 잠재의식이 긍정적으로 작용해서 인생이 희망으로 가득해지니까요. 하지만 "두 마리 토끼를 잡으려다 한 마리도 못 잡는다"라는 속담처럼, 욕심을 부리면 결국 모든 것이 어중간한 상태가 되기 쉽습니다.

가장 먼저 생각해야 할 것은 '정말로 이루고 싶은 꿈'입니다. 그 꿈에 마음을 집중해야 합니다.

정말로 이루고 싶은 큰 꿈에 먼저 집중해야
작은 꿈도 이룰 수 있습니다.

꿈을
장르별로 나눈다

'정말로 이루고 싶은 꿈을 우선적으로 생각해야 한다'라는 말을 오해하면 안 됩니다. 딱 한 가지 꿈만 남겨놓은 채 모든 꿈을 포기하라는 말이 아닙니다. 꿈은 버리지 않아도 됩니다.

꿈이 많다면 이루고 싶은 꿈을 장르별로 나누는 것도 좋은 방법입니다. 꿈의 종류나 크기는 사람마다 다릅니다. 일에 관한 꿈을 최우선으로 이루고 싶은 사람이 있는가 하면, 개인적인 일이 중요한 사람도 있습니다. 또는 인간관계를 더욱 돈독히 하는 것이 목표인 사람도 있습니다.

조금만 노력하면 금방 이룰 수 있는 꿈이 있는가 하면, 이루기까지 몇 년이 걸릴 법한 꿈도 있습니다.

그런 꿈들을 정리 정돈하는 마음으로 장르별로 나누어 종이에 적어봅시다. '일' '사생활' '인간관계' '물건' '돈' '건강'처럼 항목별로 나누는 것이지요.

이 항목들을 바라보면서 '나는 어떤 것부터 이루고 싶은가?' '지금의 내가 우선적으로 생각해야 할 꿈은 무엇인가?' 생각해봅니다. 그러면 '이사하고 싶다. 그러니 집을 찾는 것부터 시작하자.' 하는 식으로 먼저 해야 할 일이 눈앞에 떠오를 겁니다.

꿈들을 정리 정돈하면
꿈의 우선순위를 알 수 있습니다.

꿈에
한계를 두지 않는다

베토벤 교향곡 9번의 4악장은 〈환희의 송가(Ode to Joy)〉입니다. 그 시를 쓴 시인 프리드리히 실러(Friedrich von Schiller)는 다음과 같은 말을 남겼습니다.

"사람은 커다란 목표가 있어야 크게 성장한다."

꿈에 대해 말하라고 하면 대부분의 사람들은 일상적인 소망이나 약간의 노력으로 이룰 수 있을 만한 목표를 설정하는 경향이 있습니다. 그 자체는 나쁘지 않습니다. 그러나 '큰 꿈을 이룰 수 있을 리가 없다'거나 '분에 넘치는 소원으로 실망하고 싶지 않다'라는 마음이 들어 처음부터 작은 꿈을 꾸었다면 생각을 바꾸는 게 좋습니다. 운을 얻고 싶다면 과감하게 큰 꿈을 가져야 효과적이거든요.

큰 꿈이란 삶의 보람을 느끼거나 인생의 목적이 되는 것을 뜻합니다. 가령, 고민하고 있는 사람들에게 도움이 되는 책을 쓰고 싶다거나 육아 중인 여성이라도 스트레스 없이 일할 수 있는 회사를 만들고 싶다, 또는 언젠가 조용하고 아름다운 바닷마을로 이주하고 싶다 같은 꿈들이죠.

이런 꿈은 이루기 힘들다고 생각하나요? 미리부터 그렇게 단정하지 말고 그 꿈에 초점을 맞추면 설레는 기분을 느낄 수 있을 겁니다. 그런 기분이 운을 끌어당깁니다.

한 가지라도 좋으니 큰 꿈을 갖기 바랍니다. 꿈은 좇아야 이룰 수 있습니다. 만약 그 꿈이 이루어지지 않더라도 꿈을 좇는 도중에 만난 사람이나 경험은 인생을 풍요롭게 만드는 거름이 될 겁니다.

가슴이 두근거릴 만큼 큰 꿈을 끝없이 꾸면
언젠가는 기적이 일어납니다.

꿈을 이루었어도
인생은 계속된다

노력이 결실을 맺어서 꿈을 멋지게 이루었다고 해보죠. '꿈이 이루어져서 행복하다'는 기분을 실컷 맛본 후에는 다음 꿈을 이루기 위해 준비 자세를 취해야 합니다. 한 가지 꿈을 이루었다고 해서 그 상황에 만족하면 운을 끌어당기는 힘이 떨어지기 때문입니다.

모니 씨(가명, 34세)는 아로마 테라피를 사용한 마사지 살롱을 열고 싶다는 꿈을 이루기 위해 열심히 노력했습니다. 그렇게 노력한 끝에 1년 만에 아파트를 빌려 꿈에 그리던 살롱을 열 수 있었지요.

모니 씨는 바라던 꿈을 이루어 무척 행복했지만 6개월이 지난 무렵에는 집세를 내기 힘들어질 정도로 심각한 위기에 몰리고 말았습니다. 살롱을 차린 것에 만족한 나머지 적극적으로 살롱 운영에 임하지 않았기 때문입니다.

그녀는 꿈을 이룬 후에도 다음 단계를 준비했어야 합니다. 새로운 고객을 유치하기 위해 홍보 전단지를 만들거나 새로운 마사지 기법을 배우는 등의 단계로 나아가야 했지요.

한 가지 꿈을 이루었다고 해서 거기에 만족해 주저앉으면 안 됩니다. 스스로를 칭찬하고 도움 준 사람들에게 감사한 마음을 느끼면서 다음 꿈으로 향해야 운을 계속 끌어당길 수 있습니다.

한 가지 꿈을 이루었다고 해서 그 상황에 만족하면
운을 끌어당기는 힘이 떨어집니다.

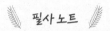

필사 노트

마음에는 기대와 꿈을 현실로 끌어당기는

자석 같은 힘이 있습니다.

......

명확한 목표를 세우는 것은 인생의 내비게이션에

목적지를 입력하는 것과 같습니다.

10 SECRETS
TO CHANGE
FORTUNE

6장

아무것도 하지 않으면
아무것도 일어나지 않는다

51

운이 좋아지고 싶으면,
일단 한다

"우물에서 물을 길어야 갈증 나는 목을 축일 수 있다"라는 독일 격언이 있습니다. "달걀을 깨야 오믈렛을 만들 수 있다"라는 프랑스 격언도 있죠. 이 말들은 '결과는 행동에서 생긴다'라는 뜻을 담고 있습니다.

이런 의미를 담은 격언이나 민화는 전 세계에 수없이 많습니다. 그만큼 아주 먼 옛날부터 운을 얻으려면 반드시 행동해야 한다는 믿음이 있었던 것이지요.

우리는 종종 '뭔가 좋은 일이 일어나지 않을까?' '커다란 기회가 찾아오지 않을까?'라고 무심코 생각합니다. 하지만 아무일도 하지 않으면 아무것도 찾아오지 않습니다. 자신이 생각한

대로 인생이 흘러간다면 얼마나 좋겠어요. 하지만 그런 일은 일어나지 않습니다. 꿈이라는 멋진 설계도를 만들고 나서 지도를 따라 길을 떠나지 않으면 상황은 달라지지 않습니다.

돈을 더 많이 벌고 싶다면 그 목표에 맞는 행동을 해야 합니다. 기술 향상을 위해 자격증을 따거나 이직하는 것도 방법이 되겠지요.

새로운 일을 시작하려면 누구든 용기가 필요합니다. 과감히 행동하지 않으면 오늘도 내일도 아무런 변화가 없습니다.

꿈이라는 멋진 설계도를 만들고 나서 지도를 따라
길을 떠나지 않으면 상황은 달라지지 않습니다.

52

'한번 해볼까?'
가벼운 마음으로

'운을 좋게 하려면 행동하는 것이 중요'하지만 구체적으로 어떻게 해야 행동력을 익힐 수 있을까요?

재미있어 보이거나 흥미를 유발한 일에 도전해보는 겁니다. 겁이 많거나 행동하기를 주저하는 성향이라면 흥미가 생긴 일을 앞에 두고도 '실패하면 어쩌지?' '지금 이 일을 하면 시간을 빼앗길 텐데….' '도전했다가 적성에 맞지 않으면 여러모로 손해만 볼 거야'라며 부정적으로 생각하기 쉽습니다. 그러면 도전을 포기하게 되고, 결국 상황은 전혀 달라지지 않습니다.

새로운 일에 도전할 때는 어깨의 힘을 빼고, 앞일을 너무 깊이 생각하지 말고 마음을 편하게 가져야 합니다.

파견 사원 루미 씨(가명, 28세)는 춤을 배워 보고 싶어서 온갖 댄스학원의 체험 레슨에 참가했습니다. 처음에는 발레 학원에 다녔는데 6개월 후 다른 장르의 댄스가 적성에 맞을지도 몰라서 훌라 댄스 학원에 다녔습니다. 그 학원에서 마음 맞는 친구들이 많이 생겨 그들과 팀을 짜서 대회에 참가할 정도로 실력이 향상되었지요.

작심삼일로 끝나는 일이라도 여러 번 반복하다 보면 정말로 좋아하는 일을 찾을 수 있습니다.

'재미있어 보이네.' '한 번 해보고 싶은데?'라는 생각이 들면 '조금 해보자'라는 가벼운 마음으로 시작해보세요. 생각지 못한 즐거움을 발견할 겁니다.

어깨의 힘을 빼고, 앞일을 깊이 생각하지 말고,
마음을 편하게 가지면 저절로 행동력이 향상됩니다.

꿈을 만날 수 있는 장소를 찾아간다

행동하고 싶어도 '무슨 일부터 시작해야 할지 모르겠다'며 불안해하는 사람도 있을 겁니다. 이럴 때는 꿈과 관련된 장소로 가보는 게 좋습니다. 그러면 꿈을 이루고 싶다는 마음과 나도 꿈을 이룰 수 있다는 긍정적인 마음이 생깁니다.

만약 일러스트레이터가 되고 싶다면 전시회나 일러스트 모임에 참여해보는 것도 좋은 방법입니다. 자신과 비슷한 상황에 있는 사람이 꿈을 이루는 것을 본다면 '그 사람이 했으면 나도 할 수 있을 거야. 힘내자'라는 의욕이 솟아나기도 하니까요.

또한 꿈과 관련된 장소에 직접 가면 실제로 꿈을 실현할 수 있는 힌트와 기회를 쉽게 얻을 수도 있습니다.

모모 씨(가명, 32세)는 유럽으로 장기 여행을 떠나고 싶었지만 어떻게 해야 그 꿈을 이룰 수 있는지 몰라서 국제교류 모임에 참가해봤습니다. 그곳에서 어떤 사람이 프랑스에 사는 가족을 소개해주었고, 덕분에 그 집에서 홈스테이를 하며 편하게 여행을 할 수 있었지요.

　꿈과 관련된 장소에 가면 모모 씨처럼 꿈이 순조롭게 이루어지는 경우도 있으니 실천해봐도 손해 볼 것은 없습니다.

꿈과 관련된 장소에 가보면
꿈에 훌쩍 다가서는 경우가 많습니다.

54

'왠지 끌리는 일'을
한다

'갑자기 아이디어가 떠올랐다.' '왠지 뜬금없이 그 사람에게 연락하고 싶어졌다.' 하는 경우를 경험해본 적이 있을 거예요. 이것은 마음 깊은 곳에 자리한 잠재의식이 '지금 당신은 이런 행동을 하는 편이 좋다'라고 알려주는 신호입니다.

'육감'이라는 말을 들어본 적이 있을 겁니다. 분석적이고 이성적인 사고가 아닌, 직관적으로 느껴지는 감각을 뜻하지요. 흔히 '직감'이라고도 합니다. 이런 정신작용은 과학적으로 설명할 수 있는 영역이 아닙니다.

오늘은 그 장소에 가지 않는 게 좋을 것 같아서 가지 않았더니 그 장소에서 큰 사고가 일어났다는 이야기는 정말로 존재합니다. 좋은 일이든 나쁜 일이든 영감이나 직감에 따라 행동하면 결과적으로 좋은 운을 만나는 경우가 종종 있습니다.

하지만 '나는 둔감해서 영감을 느낄 수 없다'라며 걱정하는 사람도 있을 겁니다. 그런 사람은 영감, 즉 직감을 연마하는 간단한 연습을 해보세요.

예를 들어 카페에서 무엇을 먹을지 결정할 때 가격이나 칼로리 등 사소한 점은 신경 쓰지 말고 '오늘은 이게 좋겠다'라고 순수하게 느껴지는 쪽을 선택하는 겁니다. 어떤 케이크가 맛있을지 신중하게 선택하고 싶겠지만 '이거야!'라고 느낀 시점에서 생각을 멈추는 것이지요.

영감은 갑자기 머릿속에 확 떠오르기 때문에 내버려두면 즉시 사라집니다. 그러니 영감이 떠오르면 신이 준 메시지라고 생각하고 즉시 행동해보세요.

직감을 믿고 행동하면
좋은 운을 만날 수도 있습니다.

55

기회는
기다리지 않는다

누구나 순간적으로 찾아온 기회를 확실히 붙잡아야 합니다. 우리 인생에는 다양한 기회가 넘쳐나는데, 인생의 흐름을 단번에 좋은 방향으로 바꿀 만한 이른바 '절호의 기회'는 몇 번씩 찾아오지 않습니다. 경우에 따라 평생 동안 다섯 손가락에 꼽을 수 있을 정도로만 찾아옵니다. 그러니 '지금이 기회일지 모른다'고 느낀 시점에서 재빨리 행동해야 합니다.

이직하고 싶은 시점에 한 지인이 "내가 예전에 근무하던 회사의 동료가 창업을 해서 사원을 찾고 있어"라고 소개해주면 '어떤 회사일지 불안한데…'라고 느끼더라도 일단 면접이라도 보는 게 좋습니다. 위험을 두려워한 나머지 주저하면 모처럼 맞은 기회를 헛되게 날려버릴 수도 있거든요.

기회는 기다려주지 않습니다. '그때 입사했다면 좋은 조건으로 이직할 수 있었을 텐데'라고 후회해도 소용없습니다.

좋은 기회의 횟수를 늘리려면 행동력을 넓히는 것이 효과적입니다. 기회는 외부에서 찾아오니까요.

마음속을 긍정 에너지로 충만하게 만들고, 만나는 사람이나 외출하는 장소를 다양하게 넓히면 그만큼 기회도 많아집니다.

기회는 기다려주지 않으니
기회를 잡으려면 행동해야 합니다.

56

바쁘다는 말은
핑계다

"짧은 인생은 시간 낭비로 한층 더 짧아진다."

18세기에 영국에서 활약한 문학가 새뮤얼 존슨(Samuel Johnson)이 남긴 말입니다.

현대인은 언제나 바쁜 나날을 보냅니다. 해보고 싶은 일은 있지만 그보다 해야 할 일이 많아서 시간이 부족하다거나 일이 바빠서 내 자신을 위해 쓸 수 있는 시간이 거의 없다는 사람도 많지요. 하지만 행동력이 있는 사람은 그런 상황이라도 어떻게든 시간을 만들어냅니다.

리라 씨(가명, 35세)는 한 살짜리 아이를 키우며 세무사 자격증을 따기 위해 집에서 공부에 힘쓰고 있습니다. 결혼하기 전까지는 부기 자격증을 활용해서 식품회사의 경리 담당자로 일했지만 출산으로 퇴직했고, 세무사로 일하기 위해 자격증 시험 준비에 한창입니다.

그녀는 아이를 돌보지 않아도 되는 시간대에 집중해서 공부합니다. 남편과 아이가 일어나기 전인 새벽 4시나 아이가 낮잠을 자는 시간에 문제집을 풀거나 참고서를 보지요.

리라 씨는 "하루에 한 시간밖에 공부하지 못하는 날도 있지만 문제집의 정답률이 조금씩 올라가고 있어요"라고 말합니다.

자투리 시간을 잘 사용하면 할 수 있는 일이 의외로 많습니다. 자신의 시간 사용법을 다시 한 번 살펴보고 효율적으로 시간을 배분해보세요.

자투리 시간을 잘 활용하면
시간을 효율적으로 쓸 수 있습니다.

57

때때로 행운은
하기 싫은 일 속에 숨어 있다

운을 끌어당기려면 때로는 내키지 않거나 못하는 일도 해야 합니다. 그럴 때 사람들은 '억지로 할 필요 없다'라며 포기하거나 '어차피 실패할 테니 하지 말자'라며 도망치려고 합니다. 그러나 이런 상황에서 용기를 내어 행동하면 뜻밖의 운을 만날 수 있습니다.

다나 씨(가명, 37세)는 여성 전용 마사지 숍을 경영하고 있습니다. 지금은 늘 예약이 꽉 찰 정도로 번창했지만 예전에는 영업을 못해서 무척 힘들었습니다. 고객이 될 만한 사람들에게 "저희 숍에 와주세요"라는 한마디를 하지 못해서 아예 숍을 그만두어야 하는 게 아닌가 몇 번이나 생각했다고 합니다. 그래도

착실히 영업 활동을 해나가다 보니 점점 영업에 익숙해져서 예약 고객이 늘어났습니다.

다나 씨는 "저보다 마사지 실력이 좋은 사람은 많지만 영업을 못해서 그만둔 사람도 많아요. 못하는 일이라도 꾸준히 하면 할 수 있게 되니까 포기하지 않았으면 좋겠습니다"라고 말합니다.

"낙숫물이 바위를 뚫는다"라는 속담을 알고 있나요? 똑똑 떨어지는 물방울도 오랜 시간이 지나면 마침내 단단한 바위를 뚫을 만큼의 힘을 가진다는 뜻으로 끈기와 인내의 가치를 강조하는 말입니다.

처음 시작은 보잘것없어도 꾸준히 계속하다 보면 언젠가 결실을 맺게 됩니다. '난 원래 이런 일을 못하는 사람'이라고 단정 짓지 말고 작은 첫발을 내딛은 뒤 지치지 말고 밀고 나가보세요. 그 끈기에 대한 보답을 반드시 받을 겁니다.

작은 첫발을 내딛은 뒤 도전하고 또 도전하면
반드시 끈기에 대한 보답을 받습니다.

58

낯선 일을
즐긴다

"여행 동호회에 가지 않을래?"

"친구들 하고 파티를 기획했는데 괜찮다면 참가해보지 않겠
어요?"

우리는 이런 식으로 친구나 지인에게 어떤 일을 권유받을 때
가 종종 있습니다. 선약이 있거나 영업 목적, 또는 전혀 흥미가
생기지 않는 일이 아닌 이상 최대한 응하는 게 좋습니다. 그 장
소에서 누군가를 소개해주고 싶어 하는 신의 선물일 수도 있으
니까요.

'친구의 권유로 그림 전시회에 갔다가 그곳에서 우연히 소개
받은 남성과 친해져서 연락처를 교환했다. 그 후 연락을 주고받

으며 연인으로 발전했다.'

'친구가 기획한 파티에 참가했더니 일에 도움이 될 만한 이야기를 많이 들을 수 있었다. 게다가 옆자리에 앉은 사람이 나와 공통된 취미를 갖고 있어서 또 만나기로 약속했다.'

실제로 이런 운을 만나는 경우도 매우 흔합니다. 꿈을 갖고 마음에 긍정 에너지를 늘리다 보면 '우연한 운'이 점점 많아집니다. 싱크로니시티(synchronicity), 즉 '의미 있는 우연의 일치'라고 불리는 이런 일은 성공한 사람이라면 많이 경험하는 일이지요.

다른 사람과의 만남을 소중히 여긴다는 의미에서, 또는 행동력을 익히기 위해서라도 누군가가 제안을 해오면 가벼운 마음으로 응해봅시다.

다른 사람들과의 우연한 만남은
신이 주신 선물일지 모릅니다.

59

매일 조금씩
끝까지 한다

'행동력을 익힌다'고 하면 늘 적극적으로 활동하는, 풋워크가 가벼운 타입의 사람이 떠오를 겁니다. 확실히 그런 사람들에게 행동력이 있지요.

하지만 그렇다고 해서 자기방식이 확고하거나 매사를 신중하게 생각하는 경향이 있는 사람은 행동력을 익히기 어렵다는 건 아닙니다. 행동력은 그렇게 단순한 것이 아닙니다. 적극적으로 활동할 수 없는 사람은 '이것을 하겠다'라고 결정한 일을 끝까지 해내는 것을 목표로 삼으면 좋습니다.

"승리는 가장 끈기 있는 자에게 돌아간다."

한때 전 세계를 정복했던 프랑스의 황제 나폴레옹 1세가 한 말입니다. 무조건 끝까지 하는 사람을 이길 수 있는 건 아무것도 없습니다. '꾸준히 노력해서 끝까지 한다'는 건 생각보다 무척 어렵습니다. 처음에는 의욕으로 가득 차서 시작한 일이라도 도중에 의욕을 잃거나 이런저런 핑계를 대며 중도에 포기하는 경우가 훨씬 많습니다. '끝까지 한다'는 건 그만큼 어려운 일이기에 무엇이든 끝까지 하면 반드시 운이 찾아옵니다.

끝까지 할 자신이 없다면 '책 한 권을 끝까지 읽는다'는 식으로 쉬운 일부터 시도해보세요. 그런 작은 시도가 성공하면 '나도 할 수 있다.' '열심히 노력하면 이렇게까지 할 수 있구나.' 하는 자신감이 싹터서 긍정 에너지가 솟아날 겁니다.

뭔가 하나라도 끝까지 계속하면
반드시 운이 찾아옵니다.

60

혼자라도
좋아

혼자서 행동하기를 어려워하는 사람들이 무척 많습니다. 요즘에는 무엇이든 혼자 하는 '혼족'들도 꽤 많아졌지만, 여전히 혼자서 밥을 먹거나 여행을 가거나 영화를 보러 가는 등의 일을 하지 못하는, 꺼리는 사람이 많습니다.

이런 사람들은 대개 남의 눈치를 보는 경향이 있습니다. 사람들이 이상하게 쳐다볼 것 같다거나 너무 외로워 보일 것 같다고 생각하는 것이지요. 지금은 상황이 여의치 않아 혼자 하지만, 무엇이든 같이 하는 게 좋다고 생각하는 사람도 많습니다.

하지만 행동력을 익히고 싶다면 밥을 먹는 것뿐만 아니라 무엇이든 혼자서 행동하는 습관을 들여야 합니다. 주위에서 행동력이 있는 사람을 관찰해보세요. 그들은 혼자서도 무엇이든 잘 합니다. 친하게 지내고 싶은 사람이 있으면 적극적으로 만나러 가고 흥미 있는 일을 찾으면 함께할 사람이 없더라도 혼자서 도 전합니다.

홍보회사에 근무하는 로하 씨(가명, 34세)는 연극에 관심이 많 았습니다. 연극을 보러 가거나 인터넷 카페에서 활동하다 보니 직접 연기하고 싶다는 생각을 하게 됐지요. 직장인 연극 모임이 많다는 것을 알게 된 로하 씨는 직접 정보를 찾아 모임을 찾아 갔고, 적극적으로 활동하면서 아마추어 연극제에 조연으로 무 대에 서기까지 했습니다.

로하 씨가 '혼자서는 너무 창피해'라거나 '이미 다들 친해졌 을 텐데 나 혼자서 적응할 수 있을까?' 하는 생각으로 아무것도 시도하지 않았다면, 그녀에게는 새로운 세상이 열리지 않았을 겁니다.

'혼자서 하기에는 너무 두려워.' 하는 부정적인 감정보다 '새 로운 일에 도전하고 싶다.' '다양한 분야의 사람을 만나고 싶다' 라는 호기심을 가지고 마음이 이끄는 대로 당당하게 행동해보 세요. 물론 누군가와 함께하는 것은 나쁘지 않습니다. 함께하기 때문에 능률이 오르거나 더 효율적이고 즐거운 일도 분명 있습 니다.

하지만 자신의 인생을 설계하고 이끌 때는 독립적인 행동력이 필요할 때가 많습니다. 혼자서 행동해야 자신이 원하는 방향대로 자유롭게 움직일 수 있습니다. 그래야 중요한 때에 기회를 잡기도 쉬워집니다.

다른 사람의 리듬에 자신을 맡기지 말고, 자신의 리듬대로 독립적인 행동을 하다 보면 가까운 곳에서 기다리고 있는 운을 빨리 찾을 수 있습니다.

행동한 총량이
기회의 수를 결정합니다.

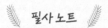

필사 노트

꿈이라는 멋진 설계도를 만들고 나서

지도를 따라 길을 떠나지 않으면 상황은 달라지지 않습니다.

......

행동한 총량이 기회의 수를 결정합니다.

10 SECRETS
TO CHANGE
FORTUNE

7장

운은 사람을
타고 온다

호감도
스펙이다

운은 대부분 다른 사람을 통해서 찾아옵니다.

소이 씨(가명, 26세)는 현재 피아노 강사로 일하고 있지만 원래 프리랜서 연주자로 동종 업계 사람들에게 높은 평가를 받았습니다. 하지만 쉴 틈 없이 일해온 탓에 건강을 해쳤고, 더 이상 연주자로 활동할 수 없는 상황에 몰리고 말았죠. 그녀는 주위 사람들에게 이렇게 토로했습니다.

"다시 일하고 싶어. 하지만 너무 힘든 일은 할 수 없으니 뭘 하면 좋을까?"

그러자 동료 중 한 명이 "음악학원을 경영하는 지인이 피아노 강사를 찾고 있는데 한번 해볼래?"라고 권유했습니다. 또 다른 지인은 "그럼 내 일 좀 도와줄래?"라고 제안하기도 했습니다.

소이 씨는 어떻게 주위 사람들의 도움을 받을 수 있었을까요? 그녀에게 특별한 재능이 있었기 때문일까요?

그건 소이 씨가 평소에 힘들어하는 사람들의 이야기를 잘 들어주는 친절한 성격이라서 지인들에게 호감을 얻은 덕분입니다. 이렇듯 나에게 호감을 느끼는 사람이 많을수록 운을 얻기 쉽습니다.

주위 사람들에게 호감을 얻으려면 다른 사람을 소중히 여겨야 합니다. 다른 사람을 소중히 여기면 자신도 소중히 여겨져서 좋은 운이 알아서 찾아옵니다.

다른 사람에게 호감을 얻고 싶다면
나부터 다른 사람들을 소중히 여겨야 합니다.

62

사소한 약속일수록
사소하지 않게

약속을 지키는 것은 인간관계를 유지하는 기본 중의 기본입니다. 그렇게 당연한 걸 누가 모르냐고 반문할 사람이 있을지도 모릅니다. 하지만 주위를 둘러보세요. 약속을 지키지 않는 사람은 너무나 많습니다.

남들을 탓하기 전에 자기 자신 먼저 돌아봐야겠지요. 나는 어떤 약속이든 꼭 지키려고 하나요? 잘 지킨다고 자신 있게 말할 수 없는 사람이 대부분입니다. 업무상의 중요한 약속은 지키는 사람이 많겠지만 사소한 약속은 흐지부지 넘어가는 경우가 많습니다.

모임에서 만난 마음 맞는 사람에게 "다음 주에 같이 식사해요. 제가 연락하겠습니다"라고 약속해놓고 정말 지켰나요? 동료에게 "조만간 좋은 치과 소개해줄게"라고 말해놓고 정말 지켰나요?

업무상의 약속과 달리 이런 약속은 무시되기 일쑤입니다. 상대방도 '신경은 쓰이지만 사소한 일이니 잊어버려도 어쩔 수 없지'라고 체념하곤 합니다.

하지만 이런 사소한 약속일수록 반드시 지켜야 합니다. 그럴수록 상대방은 '나와의 약속을 기억해줬구나'라며 감격해서 호감을 느낍니다. 사소한 약속을 지키는 것은 상대방에게 '당신을 소중히 생각한다'라는 메시지를 전하는 것과 같습니다.

사소한 약속을 지키는 사람은 신뢰를 얻어 운에 더 가깝게 다가갑니다.

사소한 약속을 지키는 것은 상대방을 존중하고
소중히 여긴다는 메시지를 전하는 것과 같습니다.

상처 주지 않는
다정한 거짓말

자신의 생각을 너무 솔직하게 드러내면 평판이 안 좋아질 수 있습니다. 나쁜 뜻은 없더라도 상대방에게 상처를 주는 경우가 종종 있기 때문입니다.

IT 회사에 근무하는 유우 씨(가명, 31세)는 굉장히 솔직한 성격이어서 자신의 생각을 거침없이 말하곤 하는데, 그런 성격 탓에 종종 분위기를 어색하게 만들기도 합니다.

"과장님은 피부색이 어두운 편이라 그런 파스텔톤의 넥타이는 잘 안 어울리시는 것 같습니다."

"사라 씨는 긴 머리가 훨씬 잘 어울리네요. 왜 잘랐어요?"

"그 영화가 재밌다고요? 취향이 진짜 특이하시네요."

인간관계를 잘 유지하는 방법은 말을 어떻게 하느냐에 달려 있다고 해도 틀린 말이 아닙니다. 일과 관련되었거나 공적인 일이어서 자신의 의견을 솔직하고 거짓 없이 말해야 하는 상황이 아니라면 굳이 직설적으로 말해서 상대방의 기분을 상하게 할 필요가 없습니다.

"넥타이가 정말 화사하네요."

"헤어스타일이 바뀌었네요? 기분 전환하고 싶을 때는 헤어스타일 바꾸는 게 도움이 되죠."

"그 영화는 마니아들이 많더라고요. 굉장히 매력 있는 영화인가 봐요."

속마음을 다 드러내지 않아도 얼마든지 즐겁게 대화할 수 있습니다. 상대방에게 상처를 주는 것보다는 친절한 거짓말이 나을 때도 있습니다.

상대방을 배려하기 위해서
때로는 다정한 거짓말도 필요합니다.

다른 사람의 시간을
아끼는 마음

다른 사람의 시간에 관심 없는 사람이 의외로 많습니다. 오랜만에 만난 친구와 카페에서 대화를 나누다가 다른 친구에게서 걸려 온 전화를 받고 한참이나 통화하는 사람, 자신의 신세타령을 하려고 한밤중에 친구에게 전화를 걸어 오랫동안 통화하는 사람….

이런 행동은 자신을 위해 친구의 시간을 빼앗아 쓰는 것입니다. 둘이서 대화하는 중인데 다른 사람과 통화를 하면 상대방은 그저 멀뚱히 기다리는 수밖에 없습니다. 한밤중에 친구와 오랫동안 통화를 하는 것은 상대방의 휴식 시간을 빼앗는 것이나 다름없고요.

문제는 그뿐만이 아닙니다. 남의 신세타령을 들으면 상대방도 부정적인 기분에 휩싸입니다. 어쩌면 친하다는 이유로 곤란하거나 난처한데도 변변한 항의조차 못하는 경우도 많을 겁니다.

이런 상황이 여러 번 반복되면 상대방도 지칠 수밖에 없습니다. '자기 입장만 생각한다.' '나도 그리 한가하지 않은데'라는 생각이 들 수밖에 없고, 그런 상황까지 오면 상대방의 마음은 점점 멀어집니다.

누구에게나 시간은 소중합니다. 그러니 무슨 일을 부탁할 때는 "지금 잠깐 얘기해도 될까?"라거나 "오늘 시간 내줘서 정말 고마워"라고 고마움을 표현해야 합니다.

상대방의 시간이 나의 시간만큼 중요하고 소중하다는 것을 잊어서는 안 되겠죠.

다른 사람의 시간을 빼앗아 쓰고 있지는 않은지
언제나 조심해야 합니다.

감정을 그대로
분출하지 않는다

불교에서는 "분노는 인생에 나쁜 영향을 준다"라고 가르칩니다. 불교의 세계에서는 스승이 제자에게 가르침을 전할 때에도 화를 내지 않습니다. 가르침을 실천하지 못하는 제자가 있다고 해도 "왜 이런 일도 못하는 거야!"라고 화내지 않고 "이렇게 하면 좋습니다"라는 식으로 애정을 담아 대하는 것이 올바르다고 여깁니다.

운을 끌어당기기 위해서 꼭 기억해야 할 가르침입니다.

내 일에 집중하고 있을 때 후배가 "이 부분은 어떻게 해야 하나요?"라고 몇 번씩 물어보면 나도 모르게 "나중에 해!"라고 버럭 화를 낼 때도 있고, 연인이 두 번씩이나 약속을 취소하면 "정말 일 때문에 취소하는 게 맞아?"라고 의심 섞인 분노를 터뜨릴 때도 있을 겁니다.

이처럼 우리는 상대방이 잘못했을 때 화를 내곤 합니다. 자신이 지금 몹시 화가 났다는 걸 상대방이 알아줬으면 하는 마음에 그렇게 하는 것이지요.

마음속에 분노가 이는 것은 어쩔 수 없다고 해도, 그것을 감정적으로 표현하면 인간관계가 엉망이 되어버리고 맙니다. 버럭 화를 내는 사람을 누가 좋아하겠어요.

주위 사람을 소중히 여길 줄 아는 사람은 분노의 감정을 누군가에게 무턱대고 쏟아내지 않습니다. 분노를 조절하는 것은 다른 사람을 소중히 생각하는 마음입니다.

분노는 다른 사람의 마음에 상처를 주는
나쁜 에너지입니다.

강약약강 말고
강강약약

상대방이 누구냐에 따라 태도를 쉽게 바꾸는 사람들이 있습니다. 다른 사람을 소중하게 생각하지 않는 것이죠.

'A 씨와 만나기로 약속했는데, B 씨에게서도 같은 날 식사하자는 연락이 왔다. B 씨가 인맥이 넓어서 득이 되는 이야기를 들을 가능성이 더 높으니 A 씨와의 약속은 취소했다.'

'내가 좋아하는 타입의 이성에게는 웃는 얼굴로 대할 수 있는데, 내 타입이 아닌 사람에게는 얼음처럼 차가워진다.'

'상사나 거래처 사람에게는 굽실거리며 고개를 숙이는데, 레스토랑 직원이나 택시 운전기사 등 고객의 입장이 되면 태도가 돌변해서 거만해진다.'

이런 사람을 많이 보아왔을 겁니다. 자신에게 중요하지 않은 사람이라고 해서 거칠고 성실하지 않게 대하는 사람은 가까이 하지 않는 게 좋습니다.

'중요한 사람에게 호감을 얻고 싶어서 특별히 대우하는 게 뭐가 나빠?'

'중요하지 않은 사람에게 호감을 얻지 못한다 해도 딱히 곤란할 일은 없어.'

이렇게 생각하는 사람이 있을지도 모르겠네요. 하지만 남에게 진심 어린 호감을 얻고 싶다면 누구에게나 성실한 태도를 보여야 합니다. 불성실한 태도로 세상을 살다 보면, 어느 순간 습관이 되어 아무 데서나 그런 태도를 보이고, 그로 인해 사람들의 따가운 눈총을 받게 됩니다.

진실로 성실한 사람은 누구에게나 성실합니다. 그 어떤 사람을 대하더라도 거만하거나 거드름 피우는 모습은 찾아볼 수 없습니다.

좋은 평판이 곧 좋은 운을 끌어당깁니다. 사람을 함부로 대하는 사람에게는 운도 따라오지 않습니다.

중요한 사람 앞에서만 좋은 얼굴을 해봤자
감춰둔 마음은 드러나기 마련입니다.

67

양보는
미덕이다

"양보는 모든 투쟁을 끝낸다"라는 말이 있습니다.

우리는 저마다 성격이 다르고 의견도 다릅니다. 그래서 두 사람 이상이 모이면 대립이 일어날 수밖에 없습니다. 그럴 때 '내 의견으로 결정되어야 한다'라는 자기중심적인 태도를 취하면 싸움은 끝나지 않습니다.

이런 경우에는 다른 사람의 의견을 충분히 들은 후에 서로 조금씩 양보해야 누구나 만족할 만한 결과를 끌어낼 수 있습니다.

대학원생 미미 씨(가명, 26세)에게는 사귄 지 1년 된 연인이 있습니다. 어느 날 두 사람은 친구에게 줄 생일 선물을 사러 갔습니다. 미미 씨는 그 친구의 지갑이 낡았으니 새 지갑을 선물하고 싶다고 했고 남자친구는 지갑보다는 귀여운 티셔츠가 좋다고 주장했습니다. 지기 싫어하는 두 사람은 서로의 주장을 굽히지 않았고, 결국엔 큰 다툼으로까지 번졌지요.

친구가 선물을 받고 기뻐하길 바라는 마음은 같았지만 서로의 고집만 부린 탓에 소중한 것을 잃고 말았습니다. 친구는 지갑이든 티셔츠든 기쁘게 받았을 텐데 말이지요.

인생에서 정말로 중요한 것은 그리 많지 않습니다. 상대에게 양보한다 해도 아무 문제도 일어나지 않습니다.

"이 부분은 당신에게 양보할게요"라고 웃으며 말할 수 있는 사람이 좋은 인간관계를 유지할 수 있고, 자연스레 운도 끌어당깁니다.

양보할 줄 아는 미덕이
좋은 인간관계를 이끕니다.

나와 다른 가치관도
존중한다

'유유상종(類類相從)'이라는 말이 있습니다. 사고방식이나 가치관이 맞는 사람끼리 자연스럽게 어울린다는 뜻이죠.

생각과 가치관이 비슷한 사람끼리 만나면 서로의 의견이 쉽게 받아들여져서 싸움이 일어날 일이 적습니다.

그러나 세상에는 나와 비슷한 가치관을 갖고 있는 사람만 있는 건 아닙니다. 나와 제일 가깝다고 할 수 있는 부모님이나 형제자매라도 성격이 나와 정반대이거나 가치관이 완전히 다른 경우가 많습니다.

지금까지의 인간관계를 떠올려보세요. 나와 가치관이 비슷한 사람보다는 다른 사람을 만날 때가 더 많지 않았나요?

우리는 나와 가치관이 다른 사람을 받아들이기 힘들어하는 경향이 있습니다. 하지만 다른 사람을 소중히 여긴다면 그들의 가치관을 존중해야 합니다.

물론 내 가치관을 상대방에게 맞출 필요는 없습니다. 그저 '이 사람은 이런 식으로 생각하는구나.' '그는 이런 걸 좋아하는구나'라고 이해하는 모습을 보여주기만 하면 됩니다.

책 읽기를 매우 좋아해서 휴일에는 도서관이나 서점에 몇 시간씩 머무르는 사람이 있다고 해보죠. 이럴 때는 자신이 책을 그다지 읽지 않는다 해도 "정말로 책을 좋아하는군요. 어떤 장르의 책을 좋아하세요?"라는 식으로 흥미를 보일 수는 있습니다. 그것만으로도 상대방은 '이 사람은 날 존중하고 인정해주는 사람'이라고 생각합니다.

세상에는 매우 다양한 취향이 존재합니다. 공포영화를 좋아하는 사람이 있는가 하면, 매운 음식을 좋아하는 사람도 있고, 여행을 싫어하는 사람도 있습니다. 정치적으로 의견이 맞지 않거나 사회문제에 다른 시각을 가질 수도 있지요. 나와 다르다고 해서 틀린 것이 아닙니다. 나와 다르다는 이유로 비난하거나 무시하지 말고 그대로를 인정하면서 대화를 한다면 세상은 지금보다 훨씬 평화로워질 겁니다.

세상이 온통 나와 비슷한 가치관을 가진 사람들로만 가득하다고 생각보세요. 어쩐지 지루하지 않나요?

　나와 다른 사람들이 있기에 사는 재미가 있다고 생각하면 다른 사람을 존중하고 인정하는 태도를 보일 수 있습니다.

상대방의 가치관을 인정하는 것은
그 사람 자체를 인정하는 것과 같습니다.

69

싫어하는 사람에게도
좋은 점은 있다

싫어하는 사람이 적을수록 운을 강하게 끌어당깁니다. 누구나 싫어하는 사람과 만나면 마음속에 부정적인 감정이 가득차고, 부정적인 감정이 많아지면 당연히 운도 멀어집니다. 그러니 싫어하는 사람을 최대한 줄이도록 노력해야 합니다.

하지만 사람 마음이 어디 그런가요? 누구에게나 싫어하는 사람이 한두 명은 있을 겁니다. 그 사람과는 가능하면 말하고 싶지 않다거나 가까이 오면 도망치고 싶다거나 인연을 끊을 수 있으면 얼마나 좋을까 하는 생각이 드는 사람들 말이에요. 그렇다고 해서 그 사람들을 완전히 무시하거나 뒷담화를 하는 건 좋지 않습니다.

싫어하는 사람에게도 분명 좋은 점이 있습니다. 우리가 그들의 나쁜 점만 주목해서 보기 때문에 잘 안 보일 뿐입니다.

'과장님은 부하 직원한테는 거만하게 구는데 가족에게는 다정한 아빠인 것 같네.'

'그 사람은 제멋대로에 자기주장이 강하지만 남을 속이거나 욕하지는 않아.'

넓은 마음으로 싫어하는 사람의 좋은 점을 찾아보세요. 그러면 상대방을 싫어하는 마음이 조금은 누그러지지 않을까요?

이렇게 마음먹었는데도 좀처럼 감정이 좋아지지 않는다면 억지로 좋은 마음을 가지려고 애쓸 필요는 없습니다. 싫어하는 사람을 좋아할 수는 없더라도 덜 싫어하도록 노력하는 것만으로도 마음속 부정적 에너지가 조금은 사그라들 겁니다.

싫어하는 사람을 좋아할 수는 없더라도
덜 싫어하도록 노력하는 것만으로도 가치 있는 일입니다.

입을 닫고
귀를 연다

인간관계는 흔히 거울에 비유됩니다. 나의 행동이 언젠가 똑같이 나에게 돌아오기 때문이죠. 그러니 다른 사람들의 말을 듣지 않으면 내 이야기도 다른 사람이 들어주지 않습니다. 서로에게 자신의 생각만 말하는 대화는 상대방과의 거리를 멀어지게 할 뿐입니다.

누구든 자신의 이야기를 들어주기 바랍니다. 어느 자리에서 어떤 이야기를 해도 자신의 이야기로 화제를 돌리는 사람이 있습니다. 그러나 인간관계에 능숙한 사람은 자신의 이야기를 하기보다 상대방의 이야기를 듣습니다.

데일 카네기는 이런 말을 남겼습니다.

"효과적인 커뮤니케이션은 잘 듣는 것에서 시작된다. 실제로 잘 듣는 사람이 얼마나 적은지 참으로 놀랍지만, 성공하는 리더는 듣는 것의 가치를 배운 사람들이다."

얼핏 매우 수동적으로 보입니다. 그저 상대방이 말하게 하면 될 것 같지만, 사실은 그렇지 않습니다. 잘 듣는 사람은 상대방의 말에 고개를 끄덕이거나 질문하거나 공감하는 능력이 뛰어납니다. 그저 듣고만 있는 것이 아닙니다.

듣고 공감하는 것도 하나의 능력입니다. 그렇기에 가치가 있습니다.

인간관계에 능숙한 사람은 자신의 이야기를 하기보다 상대방의 이야기를 듣습니다.

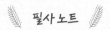

다른 사람에게 호감을 얻고 싶다면

나부터 다른 사람들을 소중히 여겨야 합니다.

......

싫어하는 사람을 좋아할 수는 없더라도

덜 싫어하도록 노력하는 것만으로도 가치 있는 일입니다.

10 SECRETS
TO CHANGE
FORTUNE

8장

일상 속 작은 운을
발견한다

소소한 수다의
즐거움을 만끽한다

　행복한 사람은 더 행복해지고 그렇지 않은 사람은 더 괴로움을 느낍니다. 마음이 긍정적인 사람은 긍정적인 일을 끌어당기고, 부정적인 사람은 부정적인 일을 끌어당기는 단순한 법칙이 작용하기 때문입니다.

　마음을 긍정적으로 만들기 위해서는 '쾌적하게 살아가는 것'이 중요합니다. 그러려면 즐겁고 기쁘고 가슴 설레는 일을 최대한 많이 하며 살아가는 것이 좋습니다.

　어떤 사람은 여행을 떠나거나 공연을 보러 가는 것을 떠올릴지 모릅니다. 물론 그것도 좋은 방법이지만 날마다 실행하기는 어렵습니다.

일상적으로 할 수 있으면서 손쉽게 긍정적인 마음을 채워주는 일은 뭐가 있을까요? 가까운 사람과 즐겁게 잡담을 나누는 것입니다.

잡담을 하면 옥시토신이라는 호르몬이 뇌하수체 후엽에서 분비됩니다. 옥시토신에는 스트레스를 완화하는 효과가 있어서 '행복'을 느끼게 해주죠.

기뻤던 일, 즐거웠던 일, 관심이 갔던 일 등 일상적인 주제로 사람들과 대화를 나누어보세요.

"오늘 너무 즐거운 일이 있었어."

"와, 무슨 일인데?"

이런 사소한 대화가 긍정적인 감정을 만들어냅니다.

즐거운 잡담은
행복 호르몬을 만들어냅니다.

일상 속
작은 쉼의 중요성

'요즘 피로가 안 풀려서 몸 상태가 매우 안 좋다.'

'바쁜 날이 계속되어서인지 사소한 일로 짜증이 난다.'

'늘 스케줄에 쫓기는 느낌이라 마음이 편안해질 틈이 없다.'

이런 기분이 들면 기력과 체력이 모두 떨어지기 때문에 부정적인 상황을 끌어당깁니다. 즐거운 기분을 회복하려면 느긋하게 쉬어야 합니다.

'쉰다'고 하면 장기 휴가를 가는 등의 특별한 일을 떠올리기 쉬운데, 그보다 더 중요한 것은 일상생활 속에서 적절하게 쉬는 겁니다. 몸 상태가 안 좋다면 외출은 삼가는 편이 좋겠고, 평소보다 더 많이 잠을 자거나 아무것도 하지 않고 멍하니 있거나 뜨거운 물을 받아 몸을 푹 담그는 것도 좋은 휴식입니다.

바쁜 날이 계속될 때는 좀처럼 쉬지 못하겠지만 짜투리 시간을 활용해서 편히 쉴 수 있는 방법을 생각해보세요. 일하는 틈틈이 좋아하는 카페에 가서 차를 마시거나 공원을 산책하거나 마사지를 받는 방법도 좋겠지요. 스케줄 사이사이에 공백 시간을 만드는 것도 좋습니다.

'자신의 몸과 마음을 쉬게 하기 위한 시간'은 그 무엇보다 효과가 좋은 명약입니다. 휴식으로 긍정 에너지가 쌓이면 운을 끌어당기는 힘도 다시 생겨날 겁니다.

휴식은 긍정 에너지를 충전하는
소중한 시간입니다.

73

나만의
장소를 만든다

쉬는 것은 중요하지만 온종일 침대에 누워서 자거나 텔레비전을 보며 빈둥거리는 휴식은 오히려 기분을 가라앉힐 수도 있습니다.

동양의학에서는 필요 이상으로 아무것도 하지 않으면 인간의 마음속에 음(부정)의 기운이 발생하고, 움직이면 양(긍정)의 기운이 발생한다고 말합니다. 이 이론에 따르면 피곤하거나 우울감이 들 때 집 안에 가만히 있으면 더 기분이 나빠진다는 것이죠.

그럼 어떻게 해야 할까요? '이 장소에 가면 활기를 되찾을 수 있다.' '매우 아늑해서 마음이 치유된다.' 하는 장소에 가는 방법을 추천합니다. 동서고금을 막론하고 모든 사람이 치유를 바라는 장소는 자연입니다.

학원 강사로 일하는 아린 씨(가명, 32세)는 일할 때 거의 실내에서만 지냅니다. 그 때문인지 때때로 이유 없이 자연이 그리워져서 휴일에는 당일치기로 하이킹을 즐기지요. 그녀는 "산속을 걷다 보면 공기가 맑아서 기분이 매우 상쾌해집니다. 집에 돌아올 무렵에는 '내일부터 열심히 일해야지' 하는 의욕과 기력이 솟아나요"라고 말합니다.

'삼림욕'이라는 자연요법은 어떨까요? 숲속에 들어가면 지쳐 있던 몸과 마음이 회복될 뿐만 아니라, 면역력도 높아지는 효과가 있습니다. 가까운 공원이나 산책로도 상관없습니다. '여기에 있는 것만으로 행복한 기분이다'라고 느낄 수 있는 장소를 선택하는 것이 중요합니다. 그런 장소에 몸과 마음을 맡기면 긍정의 마음도 쉽게 회복됩니다.

마음이 편안해지는 나만의 장소에서 휴식을 취하면
긍정의 마음도 곧 회복됩니다.

74

나에게 맞는
건강법을 찾는다

"지나친 모든 것은 자연을 거스르는 행위다. 우리 삶에서 가
장 귀중한 것은 건강이다."

서양 의학의 선구자이자 고대 의학을 집대성한 '의학의 아버
지' 히포크라테스(Hippocrates)가 남긴 말입니다.

행복하게 살려면 '건강'이 최우선 조건입니다. 누구도 부인
할 수 없을 겁니다. 재능이나 의욕이 아무리 넘쳐도 건강이 좋
지 않으면 가지고 있는 힘을 발휘할 수 없습니다. 몸이 불편하
면 행동도 제한되고 마음도 부정적인 방향으로 기웁니다.

아무리 행복해질 조건이 갖췄다고 해도 '건강'이라는 조건이
충족되지 않으면 진정한 의미의 행복을 찾을 수 없습니다. 그러

니 건강에 도움을 주는 습관을 들여야 합니다.

'되도록 계단을 이용한다.'

'밤늦게까지 깨어 있지 말고 일찍 자고 일찍 일어나도록 신경 쓴다.'

'술이나 담배 등 몸에 안 좋은 것은 삼가고 채소 등 몸에 좋은 음식을 먹는다.'

'요가와 댄스, 수영, 스트레칭 등 반드시 운동을 한다.'

중요한 것은 너무 무리하지 않아야 한다는 점입니다. 운동이라면 질색인 사람이 건강에 좋다고 억지로 운동을 해봤자 스트레스만 쌓이고 효과도 없습니다. 그런 사람은 날마다 30분씩 걷는 것만으로도 충분합니다.

여러 가지를 시도해보고 '이 방법이 잘 맞는다'라고 느끼는 건강법을 꾸준히 지속해야 합니다.

건강은 운을 끌어당기기 위한
최우선 조건입니다.

휴일은
취미에 몰두한다

긍정적인 마음을 가지려면 마음속 깊은 곳에서 좋아하거나 즐겁거나 기쁘다고 느끼는 일을 해야 합니다. 좋아하는 일에 열중하는 것만으로도 기분이 전환되니까요. 그 순간에는 고민거리가 머리를 짓누르거나 불안을 느끼지 않습니다. 그러니 부정적인 에너지가 들어올 여지가 없지요.

좋아하는 일을 할 때는 애를 쓰거나 힘들게 노력할 필요가 없기 때문에 스트레스를 받지 않아도 됩니다. 그러니 지금부터라도 좋아하는 일에 몰두하는 시간을 만들어보세요. 좋아하는 일이 없다면 이 기회에 취미를 가져보는 것도 좋겠지요.

취미란 한 번으로 끝나는 즐거움이 아니라 오래 지속할 수 있어서 삶의 보람으로 이어지는 즐거운 일을 뜻합니다. 바빠서 시간이 없는 사람이라도 휴일을 활용하면 취미를 즐길 시간을 만들 수 있습니다.

가인 씨(가명, 30세)는 지금 하는 일을 좋아하지 않습니다. 생계를 위해서 일하고 있다고 단정 지어 말할 정도로 그저 억지로 하고 있을 뿐입니다. 하루하루가 무의미해진 그녀는 어느 날 문득, 학창시절에 배웠던 플루트를 다시 시작해보기로 했습니다. 지금은 휴일마다 음악학원에 다니며 사회인 오케스트라에도 참가해서 활기 넘치는 생활을 보내고 있지요.

취미를 통해 기분이 전환되면 삶이 즐거워집니다.

마음속 깊은 곳에서 좋아하거나 즐겁거나 기쁘다고
느끼는 취미 생활은 우리 삶에 기쁨을 선물합니다.

열심히 일한 나에게
상을 준다

현대인들은 지나치게 노력하는 경향이 있습니다.

'평일에는 밤늦게까지 일하고 휴일에는 공부하는 데 거의 모든 시간을 쓴다.'

'아이를 맡기고 저녁까지 일한 뒤 집에 돌아와서는 집안일과 육아에 쫓긴다.'

이렇듯 일주일 내내 자신을 위한 시간을 내지 못하는 사람이 꽤 많습니다.

지나치게 열심히 노력하거나 몸이 가루가 될 때까지 일하는 것은 육체적으로나 정신적으로 피로가 쌓일 뿐입니다. 나 자신을 위해 일한다고 스스로를 타일러도 피로가 쌓이면 마음은 부정적인 방향으로 기울어집니다. 그런 상태가 지속되면 '내 인생은 뭐지?' 하는 허무한 감정에 사로잡힐 수 있습니다. 그러니 자신에게 충분한 친절을 베푸세요. 그리고 열심히 노력한 자신에게 상을 주세요.

'지금 맡고 있는 프로젝트가 끝나면 온천 여행을 가야지.'

'이번 시험에 합격하면 좋아하는 아티스트의 콘서트를 보러 갈 거야.'

'집안일과 육아를 모두 열심히 했으니 숨도 돌릴 겸, 주말에는 호텔에서 푹 쉴 거야.'

'목표를 달성하면 가고 싶었던 곳으로 여행을 떠날 거야.'

이렇게 자신에게 무엇을 선물할지 계획해놓으면 힘들고 지쳐도 동기부여가 되어 에너지가 충전됩니다.

자신에게 주는 선물과 칭찬에 인색하지 마세요.

열심히 살고 있는 나 자신에게 충분한 친절을 베풀면
긍정 에너지가 충전됩니다.

청소로
마음을 정돈한다

청결하고 깔끔하게 정리 정돈된 장소에 있으면 그것만으로 긍정적인 에너지가 생깁니다. 반면에 지저분하고 불결한 장소에 있으면 눈살이 찌푸려지면서 부정적인 기분이 들죠.

그러니 평소에 자신이 지내는 장소를 청결하고 깔끔하게 정리 정돈하는 게 중요합니다. 내가 지내는 공간의 상태는 내 자신의 마음 상태를 반영한다고 해도 틀린 말이 아닙니다. 서로 큰 영향을 받을 수밖에 없습니다.

너무 바빠서 청소할 시간이 없다면 식탁 위나 침대 등 작은 공간부터 정리해보세요. 하루 중에 가장 많은 시간을 보내는 공간을 정리하는 것부터 시작해도 좋습니다.

불필요한 물건을 버리고 깨끗이 닦고 공기를 바꾸는 것만으로도 기분이 달라집니다. 베개 커버나 시트를 세탁하는 것도 좋은 방법이겠죠.

청소를 잘 못하고 하기 귀찮다면 친구를 초대하는 방법도 좋습니다. 손님이 오면 싫어도 청소를 해야 하니까요.

내가 지내는 공간의 상태는
내 자신의 마음 상태를 반영합니다.

나이 드는 것을
기꺼이 받아들인다

나이 드는 것을 두려워하는 사람들이 있습니다. 반면에 기꺼이 나이 드는 자신을 수긍하고 긍정하는 사람도 있지요.

어느 쪽이 운을 끌어당길까요? 물론 나이를 받아들이는 사람입니다. 자신의 나이를 지나치게 두려워하는 사람은 부정적인 기분에 휩싸여 살아갑니다. 예전과 같지 않은 자신의 모습을 보며 우울해하며 무기력해지지요.

'젊을 때는 아무것도 하지 않아도 피부가 예뻤다. 지금은 아무리 돈을 쓰고 관리를 해도 효과가 없다.'

'젊을 때와 비교해서 체력이 떨어졌다. 약속을 잡거나 놀러 가는 것도 부담스럽다.'

'예전에는 삶에 대한 의욕이 넘쳐서 하고 싶은 일은 주저하지 않고 도전했다. 하지만 이제는 그런 용기가 없다. 실패하면 더 이상 일어설 수 없다는 생각이 들고 괜히 시간만 낭비하는 게 아닐까 싶다.'

모두 피할 수 없는 사실입니다. 인간은 누구나 나이를 먹고 쇠약해지죠. 인간의 운명이며 거스를 수 없는 이치입니다. 육체적으로 변할 뿐만 아니라 정신적으로 위축되기도 합니다.

물론 나이를 먹었음에도 정신적으로나 체력적으로 젊었을 때와 다를 바 없는 사람들도 있지만, 대부분의 사람들이 나이를 먹어가면서 변화되는 모습을 실감합니다. 그래서 우울감을 느끼기도 하지요. 그렇다면 이런 상황 안에서 행복을 찾으려면 어떻게 해야 할까요?

'나이를 먹어야 얻을 수 있는 것'에 주목해야 합니다. 가령, 나이 든 사람들의 경험은 누구도 따라올 수 없습니다. 최근에 여성 사업가의 활약상이 눈에 띄게 많아졌는데, 젊었을 때 수많은 난관을 극복하고 30대 후반에서 40대에 독립해서 성공한 경우가 많습니다.

나이가 든다는 것은 그만큼의 경험이 쌓인다는 뜻이고, 그만큼 사회적으로 단단해졌다는 뜻이기도 합니다. 몸소 체험해서 얻은 지혜는 책으로는 배울 수 없습니다. 그렇게 한 해 두 해 경험이 쌓이다 보면 어려움이나 고난 앞에서 조금은 덜 흔들립니다. 세상을 다른 눈으로 바라보게 되지요.

　젊을 때의 나와 나이 들어서의 나는 아마 조금 다를 겁니다. 나이가 들어도 즐거워 보이는 사람에게는 분명 그들만의 비밀이 있습니다.

나이가 든다는 것은 그만큼의 경험이 쌓인다는 뜻이고,
그만큼 사회적으로 단단해졌다는 뜻이기도 합니다.

79

미래를
걱정하지 않는다

"지나간 일은 맑은 거울 같고, 미래의 일은 칠흑처럼 어둡다."

《명심보감(明心寶鑑)》에 쓰여 있는 말입니다.

어느 누구도 미래를 예측할 수 없습니다. 미래는 어둠에 휩싸여 있을 뿐입니다. 그러니 일어나지도 않은 미래를 떠올리며 걱정하거나 고민해봐야 아무 소용이 없습니다.

오래전에 '예언'이 유행했던 적이 있습니다. 앞으로 지구는 이렇게 된다, 인류는 어떻게 된다는 등 좋은 일부터 나쁜 일까지 수많은 예언이 있었지요. 사람들은 나쁜 예언에 크게 동요했습니다. 인간은 예측할 수 없는 것에 공포심을 느끼는 경향이 있기 때문에 어쩌면 당연한 반응입니다.

그러나 예언이 이루어질지 아닐지 지금 상황에서 알 수 있는 사람은 아무도 없습니다. 일어나지도 않은 일에 전전긍긍하는 것만큼 어리석은 일도 없습니다. 정직원이 될 수 있을까? 집을 살 수 있을까? 아무리 걱정해봐야 소용이 없습니다.

이런저런 걱정으로 고민이 된다면 자신과 비슷한 처지였지만 지금은 사기 역할을 훌륭히 해내고 있는 유명인이나 위인, 주위 사람들을 떠올려보세요. 그런 밝은 이야기를 떠올리면 '나도 희망이 있어'라는 기대감이 생길 겁니다.

어떻게 마음먹느냐에 따라 미래는 장밋빛이 되기도 어둠이 되기도 합니다.

일어나지도 않은 일에 전전긍긍하는 것만큼
어리석은 일도 없습니다.

새로운 장소에
머문다

　중국의 사상가 맹자(孟子)의 말 중에 '거이기(居移氣)'라는 말
이 있습니다. '거(居)'는 장소나 집, 즉 환경을 뜻합니다. 다시 말
해 '거이기'는 '새로운 장소나 환경으로 옮기면 사람의 마음이
달라진다'라는 의미입니다.

　'요즘 운이 안 좋다.' '불행한 일로 다시 일어설 수가 없다'라
는 기분이 든다면 지금 처한 환경에 문제가 있을지 모릅니다.

　나미 씨(가명, 33세)는 6개월 전에 애지중지 기르던 고양이를
병으로 잃었습니다. 고양이가 떠난 지 얼마 되지 않아서 아직은
실감이 나진 않지만, 고양이가 좋아하던 장소나 장난감을 보면
왈칵 울음이 터지곤 합니다.

그러던 어느 날, 셰어하우스에 사는 친구가 방이 하나 비었으니 괜찮다면 이사를 오라며 권했습니다. 고양이와의 추억이 가득한 집을 떠나려니 망설여졌지만, 이런 감정에 빠져 있다가는 더 괴로워질지도 모르겠다는 생각이 든 나미 씨는 이사를 결심했습니다.

셰어하우스에 살기 시작하면서 그녀의 마음은 조금씩 회복되었습니다. 친구들이 많은 위로가 되었거든요.

환경을 바꾸면 기분 전환이 되곤 합니다. 이사처럼 과감한 행동은 아니더라도 출퇴근 경로를 바꿔보거나 한 번도 가보지 않았던 장소에 가는 것만으로도 효과가 있습니다.

부정적인 상황을 오랫동안 질질 끌고 있다면 그 환경에서 벗어나보는 것도 좋은 방법입니다.

새로운 장소에 가거나 환경을 바꾸면
부정적인 상황에서 벗어날 수 있습니다.

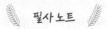

필사 노트

열심히 살고 있는 나 자신에게

충분한 친절을 베풀면 긍정 에너지가 충전됩니다.

......

일어나지도 않은 일에 전전긍긍하는 것만큼

어리석은 일도 없습니다.

10 SECRETS
TO CHANGE
FORTUNE

9장

남을 위하는 마음이
운이 되어 나에게 돌아온다

81

사랑은 주는 만큼
돌아온다

술과 도박에 빠져 지내던 한 남성이 결혼하자마자 다시 태어난 사람처럼 제대로 된 생활을 시작했다는 이야기를 종종 듣습니다.

쾌락만 좇는 사람들은 마음의 균형을 잃은 사람들입니다. 그렇게 쾌락에 자신을 맡기고 즐거움만 탐닉하죠. 하지만 그런 사람이라도 사랑에 빠지면 상대방의 행복을 생각하고 기원합니다. 가족을 행복하게 해주고 싶다, 상대방을 위해주고 싶다는 생각이 들면서 마음이 균형을 찾아가는 것이죠.

이기주의에서 이타주의로 생각이 바뀌면 신경이나 호르몬의 균형이 좋아져서 자연치유력이 증가한다고 합니다. 다시 말해, 상대방을 온 마음을 다해 사랑하면 자신의 마음 또한 충족되고 마음에 긍정 에너지가 축적되어서 운을 끌어당기는 힘이 강해 진다는 뜻입니다.

집 주위를 청소하거나 공원의 잡초를 제거해서 사람들에게 따뜻한 감사의 인사를 들었더니 아팠던 몸이 회복되었다는 사람도 있습니다. 반려동물을 보살피며 고민거리가 사라졌다는 사람도 있습니다.

상대방에게 기쁨을 주고 봉사하는 행동은 돌고 돌아서 결국 나 자신에게 돌아옵니다.

다른 사람에게 쏟은 사랑은 돌고 돌아
나 자신에게 돌아옵니다.

82

바라지 말고
준다

　운을 끌어당기고 싶다면 누군가에게 무엇을 받기보다 무엇을 주어야 합니다. 바라는 입장에서 주는 입장이 되면 받는 사람뿐만 아니라 주는 사람의 마음까지 따뜻해집니다. 그리고 남에게 기꺼이 줄 수 있는 사람은 누구에게나 매력적으로 보입니다.

　주는 것에 익숙해지면 내가 원하는 것도 쉽게 얻을 수 있습니다. 바라기만 할 때는 얻지 못한 것이 주는 입장이 되면 얻을 수 있다니, 이해되지 않는다고요? 이유는 간단합니다.

　"인정(人情)은 남을 위한 것만이 아니다"라고 하듯이 남에게 인정을 베풀면 결국 자신에게 돌아옵니다.

　물론 처음부터 보답을 바라면 안 됩니다. 그런 마음에는 부정적인 감정이 숨어 있기 때문에 좋은 운을 불러들일 수 없습니다.

보답을 바라지 말고 무리하지 않는 선에서 사소한 것이라도 나누고 베푸는 행동을 자주 해보세요. 일상이 따뜻해지고 마음에는 긍정 에너지가 가득 차서 좋은 운을 가까이 끌어당길 겁니다.

보답을 바라지 않는 순수한 인정이
결국은 나 자신을 이롭게 합니다.

83
누군가가 해야 하는
일이라면

마음에 긍정 에너지를 늘리고 싶다면 남이 하기 싫어하는 일을 자발적으로 하는 것도 좋은 방법입니다. 집 안 화장실을 청소하거나 거리에 떨어진 쓰레기를 줍는 것은 어떨까요? 모두가 싫어하는 일을 나서서 하면 모두가 고마워합니다.

"고마워. 덕분에 도움을 받았어."

"나 대신 힘든 일을 해줘서 너무 고마워."

이런 말을 들을 때마다 마음에는 긍정 에너지가 쌓입니다. 남을 위해서 행동하는 것도 훌륭한데, 더구나 그것이 모두가 하기 싫어하는 일이라면 행동의 가치는 더욱 높아집니다. 주위에 모두가 하기 싫어하는 일이 있다면 그것은 기회일지 모릅니다.

만일 잔소리가 심한 담당자가 있는 거래처에 누군가가 물건을 전해줘야 한다면 아마 아무도 가고 싶어 하지 않을 겁니다.

"지금 너무 바빠서 갈 수가 없네요."

"저는 그 사람이 너무 불편해서 가고 싶지 않아요."

이런 식으로 모두가 발뺌하려고 하겠지요. 그럴 때 "제가 가겠습니다"라고 하면 동료들이 무척 고마워할 겁니다.

다른 사람들에게 진심 어린 감사를 받으면 만족감과 자신감이 솟아나 무슨 일이든 적극적으로 하게 되고, 결국 이것은 강력하게 운을 끌어당깁니다.

남을 위해 행동하면 감사의 마음과
운을 끌어당기는 에너지를 얻습니다.

돌고 돌아
나에게 온다

자동차 제조회사 포드 모터 컴퍼니(Ford Motor Company)의 창업자 헨리 포드(Henry Ford)는 비즈니스 역사에 남을 만한 큰 성공을 거둔 인물입니다.

그는 일을 척척 처리하는 한편, 인간의 마음까지 연구했습니다. 그 결과, 자신의 회사에서 일하는 종업원들에게 정신적인 만족감을 주어 비즈니스를 확대할 수 있었지요.

포드는 구체적으로 무슨 일을 했을까요? 그는 종업원들이 기꺼이 일할 수 있는 분위기를 만들어 생산성을 높이고 서비스를 향상시켰습니다. 가령, 종업원들에게 일반적인 급료보다 두 배 많은 급료를 주었습니다. 최저임금을 높이고, 1일 여덟 시간 노동이라는 획기적인 정책을 폈습니다. 당시로서는 누구도 생각하지 못한 파격적인 행보였지요.

장애인을 고용하여 일자리의 폭을 넓히기도 했습니다. 또한 장애인이 자유롭게 일할 수 있도록 새로운 조립 라인을 만들었는데, 포드시스템이라고 불리는 이 방식은 컨베이어벨트를 이용한 대량생산 시스템이라고 할 수 있습니다.

작업 공정에 따라 배치된 노동자 앞을 컨베이어가 통과하는 이 시스템은, 노동자가 한 장소에서 일정한 리듬을 타며 작업하는 방식으로 높은 효율성을 만들어냈습니다.

그런 대량 생산을 통해 포드는 높은 이익을 창출했고, 그것을 노동자들에게 일정 부분 되돌려주었습니다. 업계의 상식으로는 생각할 수 없는 획기적인 방안이었죠.

포드는 "남에게 베푸는 행위는 단기적으로는 손해지만 장기적으로는 이익이 된다"라는 말을 믿었습니다. 그 말을 증명하듯이, 그는 자동차 왕이 되어 미국 경제를 발전시킨 하나의 원동력이 되었습니다.

남에게 공헌하는 행위는 결국 자신에게 돌아옵니다. 물론 그런 대가를 바라고 남을 돕는 것은 아니지만, 내 것을 다른 사람들과 나누는 것에 인색하게 굴지 말아야 합니다.

열심히 노력했지만 성과가 나오지 않는다고요? 그렇다면 혹

시 눈앞에 있는 자신의 이익만 지나치게 생각하고 있지는 않은
지 돌아보기 바랍니다.

남에게 베푸는 행위는 단기적으로는 손해지만
장기적으로는 이익이 됩니다.

선의를
의심하지 않는다

다른 사람이 건네는 도움을 순순히 받아들이지 못하는 사람이 있습니다.

'지금 상황에서 빚을 지면 나중에 힘들어지지 않을까?'

'갚지 못할 것 같은데 도움을 받으면 나중에 나를 욕할 거야.'

'이 사람은 왜 친절을 베풀까? 꿍꿍이가 있는 건 아닐까?'

이렇게 온갖 억측과 추측이 앞서는 탓에 '고맙습니다. 덕분에 한시름 놓았습니다'라는 마음을 갖지 못합니다.

남의 도움을 순순히 받아들이지 못하는 사람은 그 자신이 이익이 없는 친절을 남에게 베푼 적이 없어서 그런 마음이 드는 겁니다. 자신이 늘 나쁜 속셈으로 상대방에게 친절을 베풀었기 때문에 상대방도 분명히 그럴 것이라고 생각하는 것이죠.

그런 비틀린 마음이 든다면 먼저 작은 친절을 베푸는 것부터 시작해서 마음을 바꿔보세요. 다른 사람의 행복이 나의 기쁨이 될 수도 있다는 걸 실감하면 좀 더 친절한 자신이 되려고 노력하게 됩니다.

운이 좋은 사람은 자신이 큰 친절을 베풀고 작은 친절을 돌려받았더라도 크게 감사하는 사람입니다. 물론 운이 좋은 사람이라고 해서 특별히 친절하지는 않습니다. 그저 그들은 "고맙습니다"라는 말이 자신과 상대방의 마음을 긍정적으로 만들어서 운이 좋아진다는 것을 무의식중에 알고 있을 뿐입니다.

우리는 모두 친절한 존재입니다. 상대방의 친절을 순순히 받아들이는 것은 내 마음을 순수하게 유지하는 방법입니다.

다른 사람의 호의를 순순히 받아들이고
충분히 감사하는 것도 또 다른 사랑의 방식입니다.

220

86

나의 재능을
세상을 위해 쓴다

운이 좋은 사람은 대부분 남에게 고마워하고 베풀 줄 압니다. 특히 자신이 좋아하는 일, 자신이 잘하는 일을 통해서 남을 돕는 경우가 많습니다.

운전을 좋아하는 사람이라면 함께 여행을 떠날 때 자진해서 운전대를 잡습니다. 체력에 자신이 있는 사람이라면 무거운 짐을 대신 들어주면서 다른 사람을 돕지요.

어느 사진작가는 친구들과 여행을 떠났을 때 그곳에서 찍은 사진을 일일이 현상해서 사람들에게 선물하기도 합니다. 그에게는 사진 찍는 일이 세상에서 가장 잘할 수 있는 일이자 즐거운 일이기에 가능한 행동이지요.

누구에게나 남보다 뛰어난 점이 있습니다. 활발한 성격이 장점이라면 매일 아침 활기차게 인사하거나 침울해하는 사람에게 자연스럽게 말을 거는 것만으로도 분위기를 밝게 만들 수 있습니다. 요리를 잘한다면 솜씨를 발휘해서 가족을 기쁘게 할 수 있고, 컴퓨터를 잘 다룬다면 그렇지 못한 사람에게 다루는 법을 알려줄 수도 있겠지요.

자신이 잘하는 일을 통해 따뜻한 마음을 전하면 크게 힘들이지 않고도 행복을 전파할 수 있습니다.

자신이 잘하는 일로 다른 사람에게 도움을 베풀면
크게 힘들이지 않고도 행복을 나눌 수 있습니다.

87

존재만으로
선물인 사람

존재하는 것 자체가 누군가를 행복하게 하는 경우가 있습니다. 잃어버렸던 아이를 간신히 찾은 부모는 아이가 살아 있어준 것만으로도 감사의 눈물을 흘립니다. 부모에게는 아이가 그저 건강하게 있어주는 것만으로 행복의 근원이 됩니다. 스무 살이 넘은 성인이라도 부모에게 자식은 무엇과도 바꿀 수 없는 존재이니까요.

부모뿐만 아니라 학창시절의 은사, 젊을 때 신세를 진 상사 등 나의 성장을 기뻐하고 걱정해주는 사람은 의외로 많습니다.

나에게 그런 사람이 있다면 지금 당장 그들에게 연락해서 잘 지내고 있다고, 열심히 살고 있다고 안부를 전해보세요. 떨어져

사는 부모님에게 전화를 건다거나 가끔 찾아가서 함께 지내거나 여행지에서 엽서 한 장 보내는 것도 좋습니다. 나에게는 아주 사소한 일이라도 부모님은 큰 기쁨을 느낄 겁니다.

"효도를 하고 싶어질 즈음이면 부모님은 이미 세상에 안 계신다"라는 말이 있습니다. 부모님이 건강할 때는 부모님의 고마움을 좀처럼 깨닫지 못하죠. 부모님의 마음을 깨달을 즈음에는 이미 부모님이 곁에 없습니다.

나보다 나를 더 걱정하고 아껴주는 사람들을 소중히 여기는 것, 그것이 곧 큰 사랑에 대한 보답의 첫걸음입니다.

나의 안부를 궁금해하고 내 존재 자체를
사랑하는 사람들을 소중히 여겨야 합니다.

손해 보는 게
이득이다

'여사(余仕)'라는 것은 제가 만든 조어로 '나머지 일을 한다'라는 뜻입니다. 아주 사소한 '나머지'라도 상관없습니다. 주어진 일보다 조금 더 많은 일을 하는 것만으로도 남에게 공헌할 수 있으며, 그런 일이 쌓이다 보면 자연스레 운도 따라옵니다.

조직 생활을 하다 보면 다양한 인간 군상을 만납니다. 자기 일만 하는 사람, 자기 일조차 못하는 사람, 남의 일까지 해주는 사람 등 수많은 사람들을 만나게 되죠. 그러나 어느 조직에서든 그 조직을 발전시키는 사람은 일을 찾아서 하는 사람입니다. 물론 시키는 일만 하는 것도 자신의 책임을 다하는 것입니다. 하지만 시키는 일뿐만 아니라 '나머지 일'까지 스스로 찾아서 하는 사람이야 말로 자신의 성장은 물론이고 조직의 성장까지 견인합니다.

어떤 일러스트레이터는 늘 마감 하루 전에 작품을 전달했는데, 이것 또한 조금 변형된 '나머지 일'이라고 할 수 있습니다. 마감을 지키지 못해 쩔쩔 매는 작가도 넘쳐나는데 부지런히 그림을 먼저 보내준다면 업계에서 귀한 대접을 받을 수밖에 없습니다.

아무리 작은 '나머지'라도 신경 써서 일하면 시키는 일만 하는 사람과는 금방 격차가 벌어집니다. 누군가에게 칭찬받고 격려받으면 마음이 긍정적인 에너지로 가득해지는 건 당연한 일이겠죠.

사소하고 작은 '나머지' 일을 하는 사람이
남에게 공헌할 수 있으며 운도 끌어당깁니다.

자선은
최고의 미덕이다

특정한 사람에게만 도움을 줄 필요는 없습니다. 이름도 얼굴도 모르는 사람에게도 충분히 도움을 줄 수 있습니다. 우리는 그것을 '기부'라고 합니다.

기부에 익숙하지 않은 사람은 '어디에 기부하면 좋을까?' '어떻게 기부해야 하지?' 하며 혼란스러워하기도 합니다. 하지만 일상생활에서도 손쉽게 기부할 수 있습니다.

편의점 계산대 옆에 놓인 기부함에 잔돈을 넣는 건 어떨까요? 원하는 봉사단체나 고아원 등을 정해놓고 주기적으로 기부하는 것도 괜찮겠지요. 주위에 사는 어려운 사람들에게 쌀이나 반찬 등을 전달하는 방법도 좋습니다.

목사이자 저술가로 활동한 조셉 머피는 다음과 같이 말했습니다.

"우주에 법칙이 있듯이 운이 좋아지는 데에도 일정한 법칙이 있습니다. 남을 위해 돈을 쓰면 운이 커지기 시작합니다."

기부는 기부 받는 상대도, 기부하는 나 자신의 운도 끌어당깁니다.

남을 위해 돈을 쓰는 일에서
운은 커지기 시작합니다.

90
운은
나눌수록 커진다

복권에 당첨되어 오히려 불행해진 사람들도 있습니다. 경제 감각이 흔들리면서 파산하거나 가족끼리 돈 때문에 싸우다가 결국 모든 인연을 끊어버리는 경우도 있지요.

캘리 로저스(Callie Rogers)라는 영국 여성은 열여섯 살 때 190만 파운드, 당시 환율로 32억 복권에 당첨되었습니다. 그러나 그녀는 자동차와 집, 가슴 확대 수술 등으로 돈을 탕진해버렸습니다. 뿐만 아니라 전과자와 결혼해서 불륜으로 진흙탕 싸움을 벌이고, 약물 문제에까지 휘말려 체포당하기까지 합니다. 결국 파산 직전까지 가는 상황에 처하고 말았죠.

복권에 당첨되었다는 '지나치게 큰 운'이 찾아왔을 때, 마음을 다잡고 주위 사람들에게 그 운을 베풀었다면 그녀의 운명은 달라졌을지도 모릅니다.

'분복(分福)'이라는 말이 있습니다. 글자 그대로 자신의 행복을 남에게도 나누어준다는 뜻입니다. 골프에서는 홀인원을 한 사람이 그날의 모든 참가자에게 홀인원 기념품을 선물합니다. 이것도 행복을 나누는 행동입니다.

골퍼 중에는 "운을 독차지하면 나중에 나쁜 일이 일어날 것 같다. 홀인원이 나왔을 때 모든 사람과 그 운을 함께 나누면 지나치게 커진 운이 균형을 잡는 듯해서 안심할 수 있다"라고 말하는 사람도 있습니다.

운은 나누면 더 커집니다. 운의 순환을 믿어야 운이 다시 찾아옵니다.

운을 나누면 지나치게 커진 운이
균형을 잡아 불행을 막아줍니다.

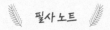

필사 노트

보답을 바라지 않는 순수한 인정이

결국은 나 자신을 이롭게 합니다.

……

나의 안부를 궁금해하고

내 존재 자체를 사랑하는 사람들을 소중히 여겨야 합니다.

10 SECRETS
TO CHANGE
FORTUNE

10장

웃음과 운은
전염된다

91

가벼운 칭찬이
상대를 춤추게 한다

인간의 욕구 중에서 '자기중요성에 대한 욕구'가 가장 강력하다고 합니다. 이는 '나는 중요한 존재여야 한다.' '남보다 뛰어나야 한다.' '남들에게 인정받고 싶다.' 같은 욕구로, 돈에 대한 욕심이나 물욕보다 훨씬 강합니다.

인간관계학의 대가 데일 카네기도 "인간의 욕구 중에서 다른 사람에게 중요한 존재이고 싶은 욕구가 가장 강하다"라고 인정했습니다.

반대로 생각하면 사람들에게 호감을 얻으려면 상대방의 자기중요성을 충족해주면 된다는 뜻입니다. 가장 쉽고 바로 실천할 수 있는 방법이 '상대방 칭찬하기'입니다.

우리는 누구나 칭찬을 받으면 기분이 좋아지고 칭찬해준 사람에게 호감을 느낍니다. 아이였을 때는 부모님이나 선생님들이 칭찬을 많이 해줍니다. 그림을 잘 그린다고, 친구를 도와주었다고, 심부름을 잘했다고, 심지어는 밥을 잘 먹었다고 칭찬받기도 하죠.

하지만 어른이 되어갈수록 칭찬받거나 격려받는 일은 줄어듭니다. 그러니 난관에 부딪쳤을 때 좌절하거나 자신감을 상실하는 경우도 많습니다.

'내 인생은 너무 시시해.'

'나한테는 아무런 재능이 없어.'

'나는 왜 이렇게 하는 일마다 안 될까.'

'내 인생에는 희망이 안 보여.'

이런 생각을 하며 깊은 절망 속에 빠지기도 합니다. 많은 현대인들이 자신감을 잃고 자기중요성을 충족하지 못하고 있다고 해도 틀린 말이 아닐 정도입니다. 따라서 아주 사소한 일이라도 칭찬을 해주면 상대방은 크게 기뻐합니다.

"대리님은 정말 부지런하시네요. 지각하는 걸 한 번도 본 적이 없어요."

"너는 주변 정리를 참 잘해. 항상 주변이 정갈하고 깨끗해."

"부장님은 글씨를 정말 잘 쓰시네요."

이렇게 아주 사소하고 가벼운 칭찬이라도 상대방에게는 큰 기쁨입니다. 기쁨을 느끼는 사람의 얼굴을 보면 칭찬을 건넨 내 마음도 덩달아 즐거워집니다.

상대방의 자기중요성을 충족시켜주면
칭찬을 받은 사람이나 한 사람 모두 행복해집니다.

92

누구에게나
장점은 있다

독일의 대문호 괴테(Johann Wolfgang von Goethe)는 "남의 좋은 점을 발견할 줄 알아야 한다. 그리고 남을 칭찬할 줄도 알아야 한다. 그것은 남을 자기와 동등한 인격으로 생각한다는 의미를 갖는 것이다"라는 말을 남겼습니다.

유대인의 사상을 집대성한 《탈무드》에는 "사람을 찬미할 수 있는 사람이야말로 참답게 명예로운 사람이다"라는 격언이 담겨 있지요.

많은 위인과 문헌이 다른 사람에 대한 '칭찬'에 인색하지 말라고 강조하는 이유는, 칭찬이 그만큼 우리의 잠재성을 일깨우고 사기를 북돋아서 긍정적인 결과를 끌어내기 때문입니다.

사회생활을 할 때도 마찬가지고, 아이들을 교육할 때도 그렇습니다. 여러 번의 엄격한 지적과 비판보다 한 번의 진심 어린 칭찬이 더 큰 성과를 보입니다.

"네 생각은 독창적이고 훌륭하구나. 그 부분을 키우면 네가 원하는 일을 할 수 있을 거야."

"넌 성격이 사교적이고 설득력이 있어. 그 장점을 더 크게 키워보렴."

이렇듯 상대방의 장점을 찾아서 끊임없이 칭찬해보세요. 상대방의 자기중요성을 충족시킬 뿐만 아니라 칭찬하는 나 자신의 자존감도 높아집니다.

'상대방의 장점을 찾아서 칭찬한다'는 게 어렵게 느껴질 수도 있습니다. 그러나 누구에게나 반드시 장점이 있습니다. 조금만 관심을 가지고 상대방을 바라보면 장점은 금방 눈에 보입니다. 자세가 좋다, 목소리가 곱다, 글씨를 잘 쓴다, 패션 센스가 있다, 영어를 잘한다 등 무엇이든 칭찬거리가 될 수 있습니다.

아무리 사소한 것이라도 상대방의 장점을 찾아서 표현해주면 인간관계가 좋아지고, 결국 그 운은 나에게로 돌아옵니다.

다른 사람을 기꺼이 칭찬할 수 있는 사람이야말로
자존감이 높은 사람입니다.

독이 되는 칭찬,
약이 되는 칭찬

칭찬을 잘하는 사람은 단순히 칭찬하는 것이 아니라 칭찬받는 사람의 자존감을 충족시키는 방법을 사용합니다.

첫 번째 방법은 '구체적으로 칭찬하기'입니다. 단순히 열심히 했다고 말하는 것보다 "이번 프레젠테이션은 잘 준비해서 설득력이 있었어"라고 말하면 기쁨이 훨씬 더 커집니다.

두 번째 방법은 '의외의 부분 칭찬하기'입니다. 똑똑한 사람에게 머리가 좋다고 얘기해봤자 별 감흥이 없을 겁니다. 모두가 인정하는 미인에게 아름답다고 칭찬해봐야 상대방의 감정을 움직일 수 없지요. 그들에게 그런 칭찬은 늘 듣는 말이라서 특별하게 들리지 않습니다. 이런 경우에는 다른 관점에서 칭찬해야 효과적입니다. 똑똑한 사람에게는 "목소리가 정말 좋으시네요"라거나 미인에게는 "정말 마음이 고우세요"라고 칭찬하면 상대방은 '그런 점을 봐 주다니!'라며 매우 기쁘게 생각합니다.

세 번째 방법은 '모든 사람 앞에서 칭찬하기'입니다. 일대일로 칭찬하기보다 사람들이 많은 곳에서 칭찬하면 칭찬받는 사람의 기쁨은 배로 커집니다. 다른 사람들에게 자신의 존재를 인정받아서 자기중요성이 한층 더 충족되기 때문입니다.

네 번째 방법은 '간접적으로 칭찬하기'입니다. 본인이 없는 곳에서 친구나 동료에게 그 사람을 칭찬하는 것이죠. "그 사람은 정말 센스가 넘치고 일을 잘해요"라고 말해놓으면 본인의 귀에도 들어갑니다. 제삼자를 통해 듣는 칭찬은 마음에 훨씬 더 와닿습니다.

칭찬을 잘하는 네 가지 방법을 활용하면
상대에게 더 큰 기쁨을 줍니다.

부정은 부정과,
긍정은 긍정과 친하다

운이 없는 사람은 똑같이 운이 없는 사람과 함께 지내는 경우가 많습니다. 그러다 보면 서로에게 화를 내거나 욕하는 상황이 벌어지면서 마음에 부정적인 에너지가 쌓일 대로 쌓입니다. 반대로 운이 좋은 사람은 똑같이 운 좋은 사람과 함께 지내는 경향이 있습니다.

인간은 자신을 긍정하지 않으면 무기력해지는 동물입니다. 그리고 자신을 긍정하려면 남의 힘을 빌려야 하는 경우가 많습니다.

"대단해."

"열심히 노력했구나."

"넌 운이 좋아."

이런 말을 나누며 함께 웃거나 기쁨을 공유하면 모두의 마음이 행복해집니다.

운이 좋은 사람은 무의식중에 그런 사람과 어울립니다. 사람들은 자신과 비슷한 사람과 어울리는 경향이 있으니까요.

자신의 마음이 긍정적인지 부정적인지 알고 싶다면, 늘 함께 있는 친구의 말을 신경 써서 들어보세요. 친구가 부정적인 말만 사용한다면 나의 마음 또한 부정적인 방향으로 기울었을 가능성이 높다는 뜻입니다. 그럴 때는 자신의 언행과 대인관계를 다시 돌아보고 운이 좋은 사람들과 지내는 시간을 늘려야 합니다.

부정적인 사람은 부정적인 마음을,
긍정적인 사람은 긍정적인 마음을 좋아합니다.

95

너의 소중함을
나의 소중함처럼

'남에게 기쁨을 준다'라고 하면 상대방에게 직접적인 행동을 하는 것을 떠올리겠지만, 그 외에도 다양한 방법이 있습니다. 가장 효과적인 방법은 그 사람이 소중하게 여기는 것을 나도 소중히 여기는 겁니다.

공무원인 보나 씨(가명, 29세)는 인기 남성 아이돌의 엄청난 팬입니다. 하지만 주위 친구들은 "그 남자가 왜 좋아?"라고 의아해하며 아무도 공감해주지 않았죠. 그러니 아이돌 콘서트도 혼자 보러 다녔습니다.

그러던 어느 날, 직장 후배가 "보나 씨가 응원하는 아이돌의 노래 저도 들어봤는데 엄청 좋던데요? 다음에 콘서트 갈 때는 저도 같이 가요"라며 말을 걸어왔습니다. 보나 씨는 너무나 기뻐서 그 후배와 급속도로 친해습니다.

주부 요미 씨(가명, 33세)는 지나치게 개구쟁이인 아들 때문에 애를 먹었습니다. 이웃 사람들도 "요미 씨네 아들은 힘이 너무 넘치네요. 요전에도 우리 집 정원에 들어와서 꽃을 밟았어요"라고 주의를 주곤 했습니다.

그러던 중에 이웃에 사는 한 주부가 "남자아이는 힘이 넘쳐나는 게 오히려 나아요. 그 아이는 인사를 잘해서 난 정말 좋더라고요"라고 말해주었습니다. 덕분에 요미 씨는 걱정을 덜었고, 이웃의 관심이 너무 고마웠습니다.

상대방에게 어떤 행동을 직접 하지 않더라도 상대방이 소중하게 여기는 것을 소중히 여기면 상대방에게 기쁨을 줄 수 있습니다.

상대방이 소중하게 여기는 것을
그 사람의 분신이라고 생각합니다.

96

분노로는
아무것도 얻지 못한다

상대방에게 기쁨을 주려면 지금까지와는 다른 행동을 해야 한다고 생각하나요? 그렇지 않습니다.

늘 화를 냈다면 분노를 멈추는 것도 상대방에게 기쁨을 줍니다. 늘 울기만 했다면 눈물을 그쳐도 좋습니다. 상대방에게 부정적인 인상을 주는 행동을 그만두면 그것만으로도 상대방이 기뻐할 겁니다.

아버지가 화만 내는 가정이 있다고 해보죠. 어느 날 그 아버지가 마음을 고쳐먹고 화를 참는다면 집안 분위기는 금방 바뀝니다. 아내와 아이들도 아버지가 화내지 않아서 불안해하지 않고 안심하며 지낼 수 있습니다. 한 사람이 분노를 멈추면 온 가족에게 행복한 시간이 찾아올 겁니다.

분노는 화낸 사람의 마음을 부정적인 에너지로 가득 채울 뿐 아니라, 주위 사람들에게도 부정적인 영향을 미칩니다.

분노에서는 아무것도 생기지 않습니다. 화나는 일이 있으면 심호흡을 하고 숫자를 헤아려 분노를 마음속에서 없애야 합니다.

분노에서는 아무것도 생기지 않습니다.
불운만 끌어올 뿐입니다.

97

남의 꽃밭을
망치지 않는다

친구가 승진을 하면 기쁜 마음보다는 질투심이 먼저 생겨 진심
으로 기뻐하기 힘들다는 사람들이 있습니다. 뿐만 아니라, 언젠
가는 실력이 탄로 날 것이라며 상대의 불행을 바라는 사람도 있
죠. 물론 누구에게나 질투심과 시기심은 있습니다. 하지만 그런
생각을 잠깐 하고 마는 것이 아니라, 상대의 불행과 불운까지
바라면 자신마저도 불행에 빠지고 맙니다.

남의 불행을 바라는 사람은 운을 얻지 못합니다. 남의 불행
을 바라면 상대방이 아니라 그 불행을 바란 사람의 마음에 부정
적인 에너지가 쌓이니까요.

'어째서 저 사람이 먼저 승진한 거지?'

'왜 저 친구는 하는 일마다 잘되는 거야? 쟤보다 내가 훨씬 더 똑똑한데.'

이런 식의 시기와 질투가 품은 부정 에너지는 그 강도가 매우 강하기 때문에 마음에 품으면 품을수록 그 사람은 행복에서 멀어집니다. 반대로 남의 행복을 바라는 사람은 자신도 행복해집니다.

백화점에 근무하는 유리 씨(가명, 30세)는 동료가 승진을 하거나 상사에게 칭찬을 받거나 집안에 좋을 일이 생길 때마다 진심으로 축하하고 기뻐했습니다.

"정말 축하해요. 그렇게 열심히 일하더니 보람이 있네요."

활짝 웃으며 진심으로 기뻐해주는 유리 씨의 마음을 받은 동료들은 그녀의 선한 마음에 감동했고, 그녀의 평판은 점점 좋아졌습니다. 물론 고객에게도 그녀의 진심 어린 태도와 마음이 전해졌지요. 성실한 근무 태도에 좋은 평판이 이어지자 그녀도 곧 승진할 수 있었습니다.

긍정 에너지는 다른 사람을 행복하게 하는 데서 그치지 않습니다. 그 기쁨이 자신에게 전달되어 운의 선순환이 일어납니다.

남의 행복을 진심으로 축복해주는 사람에게
운이 찾아옵니다.

상대방의 기분을
눈여겨본다

'대리 상상'이라는 말이 있습니다. 매사를 상대방의 입장에서 생각한다는 뜻입니다. '대리 상상'을 실천하면 자연스럽게 상대방을 소중히 생각할 수 있어서 주위 사람들에게 호감을 얻을 수 있습니다.

대리 상상을 활용할 수 있는 상황은 많습니다. 선물하고 싶은 상대방이 있다고 합시다. 그럴 때 '그 사람은 단 것을 좋아하니까 맛있다고 소문난 과자를 선물하면 좋아하겠지?'라는 식으로 상대방의 기호를 살피면 상대방이 좋아하는 것을 정확하게 선택할 수 있습니다.

상대방이 바라지 않는 것을 살피는 것도 중요합니다. 사람은 누구나 '건드리지 않았으면 하는 점'이 있습니다. 술을 마시고 실수를 저지른 사람은 술 얘기는 하고 싶지 않을 겁니다. 과거에 이혼한 경험이 있는 사람은 결혼 생활에 대한 화제를 피하고 싶을 테고요. 즉 상대방을 불편하게 하는 화제는 최대한 꺼내지 않아야 합니다.

상대방이 기분 나빠하는 신호를 살피는 방법도 몇 가지 있습니다. 기분 나쁜 얼굴을 하거나 갑자기 말수가 줄어들면 좋지 않은 화제라고 생각해도 좋습니다.

'이 대화는 안 되겠다'는 것을 눈치 채면 아무 일도 없었다는 듯이 화제를 바꾸어보세요. 상대방은 마음속으로 고마운 마음을 갖게 될 겁니다.

매사에 상대를 생각하면
불쾌한 상황을 만들지 않을 수 있습니다.

99

역지사지의
마음으로

누구에게나 고민이 있습니다. 학업, 진학, 이성, 직장, 결혼, 부부, 자녀 문제 등 고민의 색깔이나 무게도 저마다 다릅니다. 고민은 상대적이기 때문에 누구에게나 자신의 고민이 가장 무겁게 느껴집니다. 그러니 상대의 고민이나 걱정거리에 대해 함부로 단정 짓거나 가볍게 여기면 안 됩니다.

"나는 예전에 사업이 망해서 전 재산을 잃은 적이 있어. 그런 악조건에서도 이렇게 다시 일어섰는데 자네의 경우는 별 일도 아니야."

"나는 3년 동안 투병생활을 한 적이 있어. 너는 그 정도로 큰 병도 아닌데 뭘 그래."

그저 따뜻한 위로를 건네면 될 일인데 괜한 말을 얹어서 상처를 주고 마는 것이죠. 친구나 지인이 고민에 빠져 있을 때는 상대방에게 공감하는 것만으로 큰 위로가 됩니다.

'최고의 리더십은 공감능력'이라는 말이 있습니다. 상대의 상황과 감정을 이해하고 헤아릴 줄 아는 사람은 사람들의 마음을 쉽게 얻습니다. 그리고 그렇게 맺어진 사람들은 운을 끌어당기는 강력한 에너지를 발산합니다.

역지사지의 마음은
모든 갈등을 푸는 시작점입니다.

격려는
가장 큰 응원이다

'남에게 기쁨을 주기 위해서 어떤 행동을 하자'라고 하면, 나에게는 그런 능력도 없고 시간적인 여유도 없다고 생각하는 사람이 있습니다.

그러나 기쁨을 주기 위한 행동에는 돈을 내거나 몸을 쓰고 땀을 흘리는 일만 있는 것이 아닙니다. 상대방이 어떤 일에 도전하려고 할 때 이것저것 참견하지 말고 그저 격려하고 응원하는 것도 상대방을 기쁘게 하는 한 가지 방법입니다.

파견 사원 주이 씨(가명, 32세)는 연내에 회사를 그만두고, 꾸준히 공부해온 테라피스트로 창업할 준비를 시작했습니다. 대부분의 친구들이 "이런 불경기에 창업이라니. 취미로 만족해"

라며 반대했지만 주이 씨의 절친 로미 씨는 달랐습니다.

"너라면 반드시 성공할 거야. 열심히 해"라고 응원해주며 "나도 너한테 관리받고 싶으니까 예약 받아줘"라고 말하기도 했습니다. 주이 씨는 이런 친구의 말이 너무 고맙고 기뻐서 그녀를 위해서라도 반드시 성공해야겠다고 다짐했습니다.

우리는 무심코 자신과 가치관이 다른 사람의 행동을 보며 걱정하거나 반대하기도 합니다. 하지만 걱정보다는 상대방을 있는 그대로 받아들여서 그의 행동을 긍정하고 응원해주는 게 가장 큰 도움이 됩니다.

"너라면 할 수 있어."

"네가 하고 싶은 대로 해봐."

이런 단순하지만 따뜻한 말 한마디가 상대방에게는 세상 그 무엇보다도 귀중합니다.

상대방에게 주는 용기의 말에는
커다란 힘이 숨어 있습니다.

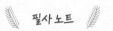

필사 노트

다른 사람을 기꺼이 칭찬할 수 있는 사람이야말로

자존감이 높은 사람입니다.

······

분노에서는 아무것도 생기지 않습니다.

불운만 끌어올 뿐입니다.

옮긴이 박재영

서경대학교 일어학과를 졸업했다. 어릴 때부터 출판, 번역 분야에 종사한 외할아버지 덕분에 자연스럽게 책을 접하며 동양권 언어에 관심을 가졌다. 번역을 통해 새로운 지식을 알아가는 것에 재미를 느껴 번역가의 길로 들어서게 되었다. 분야를 가리지 않는 강한 호기심으로 다양한 장르의 책을 번역, 소개하기 위해 힘쓰고 있다. 현재 번역 에이전시 엔터스코리아 출판기획 및 일본어 전문 번역가로 활동하고 있다.

옮긴 책으로는 『립반윙클의 신부』 『이제부터 민폐 좀 끼치고 살겠습니다』 『별을 쫓는 아이』 『힘내라는 말 보다 힘이 나는 말이 있다』 등이 있다.

뭘 해도 운이 따르는 사람들의 10가지 습관

초판 1쇄 발행 2021년 5월 11일
초판 5쇄 발행 2024년 4월 8일

지은이 우에니시 아키라
펴낸이 정덕식, 김재현
펴낸곳 (주)센시오

출판등록 2009년 10월 14일 제300-2009-126호
주소 서울특별시 마포구 성암로 189, 1707-1호
전화 02-734-0981
팩스 02-333-0081
전자우편 sensio@sensiobook.com

기획·편집 심보경, 백상웅   **외부편집** 최은영
디자인 유채민

ISBN 979-11-6657-021-6 03190

소중한 원고를 기다립니다. sensio@sensiobook.com